Arnim Kasper
Ralf Schella Peer Völz

KOBLENZ BY BIKE

16 Radtouren durch Koblenz und seine Umgebung an Rhein, Mosel und Lahn

BOUVIER VERLAG BONN
1997

Die Deutsche Bibliothek – CIP-Einheitsaufnahme

Kasper, Arnim:
Koblenz by bike: 16 Radtouren durch Koblenz und Umgebung / von Arnim Kasper/Ralf Schella/Peer Völz – Bonn: Bouvier, 1997
ISBN 3-416-02674-8

Bildnachweis: Verkehrsamt Andernach (S. 59, 61, 63, 66), Verkehrsamt Bad Ems (S. 86, 88), Arnim Kasper, Bonn (S. 13, 14, 15, 18, 22, 24, 28, 30, 32, 78, 79, 80, 133, 134, 138, 139, 140, 142, 144, 145, 147, 149, 152), Prinz Godehard von Hohenzollern (S. 34), Stadt Koblenz (S. 47, 52), Verkehrsamt Mayen (S. 113, 115), Touristik im Nassauer Land (S. 89, 91), Verkehrsamt Remagen (S. 129, 130), Firma Schauff (S. 8, 128), Ralf Schella, Bonn (S. 70, 71, 72, 102, 103, 105, 108), Sepp Spiegl, Speed (S. 6), Peer Völz, Königswinter (S. 37, 38, 40, 42, 73, 113, 114, 122).

Karten: City-Plan des Reise- und Verkehrsverlages, Falk-Verlag AG, Stuttgart/München (S. 16), alle anderen Karten Haupka-Verlag, Bad Soden/Taunus.

Titelgestaltung DTP creative, Bonn
Texte und Redaktion: DTP creative
Layout und Satz: DTP creative
Druck: Farbo Druck, Köln

Einführung

Jeder der 16 Touren in diesem Radwanderführer steht ein Informationsblock voran, der schnell und übersichtlich über den Verlauf der Strekke, die Streckenlänge, den Schwierigkeitsgrad der Tour und über Nahverkehrsanbindungen unterrichtet.

Die einzelnen Radtouren können anhand der detaillierten Streckenbeschreibung im Text mühelos abgefahren werden: längere Fahrpassagen sind dabei unter der Rubrik „Etappe“ in knapper, aber präziser Form zusammengefaßt. Die jeder Tour zugeordnete Karte dient dabei lediglich zur groben Orientierung, kann und soll eine Radwanderkarte aber nicht ersetzen. Die für die Touren benutzten Radwanderkarten sind in jeder guten Buchhandlung erhältlich.

Berührungspunkte zwischen einzelnen Touren sind im Text vermerkt, so daß der Radler jederzeit die Möglichkeit hat, auf eine andere Tour zu wechseln, oder sich seine eigenen Touren anhand der Vorschläge zusammenstellen kann.

Wer einen bestimmten Ort oder eine bestimmte Sehenswürdigkeit besuchen möchte, kann im Stichwortregister am Ende des Buches die entsprechende Tour nachschlagen.

Alle Angaben in diesem Buch wurden sorgfältig recherchiert und überprüft. Dennoch kann eine Haftung für Änderungen und Abweichungen nicht übernommen werden. Die Redaktion freut sich auf Berichtigungen und ergänzende Anregungen. Schreiben Sie auch, wenn Ihnen etwas besonders gut gefallen hat.

DTP creative
Redaktion "Radwandern"
Rathausstraße 10
53225 Bonn

Inhalt

Inhalt

Rudolf Scharping, geb. am 2. Dezember 1947 in Niederelbert, verheiratet, drei Kinder, MdB, seit 1994 Vorsitzender der SPD-Bundestagsfraktion, 1991-1994 Ministerpräsident von Rheinland-Pfalz, von 1993-1995 Vorsitzender der SPD, seit 16.11.95 stellv. Vorsitzender der SPD.

Grußwort

Ein *Schängelsche** bin ich zwar nicht, aber meine Heimatstadt Lahnstein liegt nur wenige Kilometer von Koblenz entfernt. Also leicht mit dem Fahrrad zu erreichen! Koblenz - bekannt durch das Deutsche Eck, bietet vieles. Früher galt die Garnisonsstadt als grau und ungemütlich. Bundeswehrbeschaffungsamt, Bundeswehrlazarett waren die Assoziationen. Heute fährt man in die Stadt zwischen Rhein und Mosel zum Einkaufen oder geht abends aus, ins Theater am Schloß oder in die Kneipen der Altstadt. Im Sommer sitzt man in den Cafés auf dem Plan oder unternimmt eine Spazierfahrt am Rhein. Diese am besten natürlich mit dem Rad. Gut ausgebaute Fahrradwege und eine herrliche Landschaft an den beiden Flüssen Rhein und Mosel oder an der nahegelegenen Lahn laden dazu ein. „Koblenz by bike" beschreibt viele dieser abwechslungsreichen Touren, während derer man auch mal eine Rast in einem der schönen Weinlokale einplanen sollte, um einen guten Schoppen zu genießen. Überhaupt verrät das Radwanderbuch etliche gute Tips und hilft mit amüsanten literarischen Passagen auch schon mal über die eine oder andere Steigung hinweg.

*Der Schängel ist ein Wahrzeichen der Stadt Koblenz, deren Einwohner im Dialekt *Schängelsche* genannt werden.

Der sportliche Radler wird wahrscheinlich die Touren in den Hunsrück, Westerwald, Taunus oder die Eifel schätzen lernen. Hier erwarten Sie anspruchsvolle Bergstrecken und kurvenreiche Abfahrten. Ein Helm sollte dabei zur Standardausrüstung gehören.

Für Radwanderer, die schwerpunktmäßig an Land, Leuten und Kulinarischem interessiert sind, empfehle ich die Touren entlang der Flußtäler. Besonders reizvoll ist dies im Herbst zur Zeit der Weinlese und der diversen Weinfeste oder an einem der rheinland-pfälzischen Erlebnistage. *TalTotal* lautet an jedem letzten Sonntag im Juni das Motto am Rhein, und *Happy Mosel* an jedem letzten Sonntag im Mai an der Mosel. *TalTotal* bedeutet autofreie Straßen von Bingen bis Koblenz. Das Erlebnis: hunderttausende Radfahrer, Wanderer, In-line Skater in abgasfreier Luft in herrlicher Landschaft. Entdecken Sie Koblenz und Umgebung! Dieser handliche und praktische Führer ist ein nützlicher Begleiter. Ich wünsche Ihnen gute Fahrt, interessante Touren, sportlichen Eifer und daß Sie wieder wohlbehalten heimkehren.

Mit freundlichen Grüßen

Rudolf Scharping

Rudi Altig

Er ist das bundesdeutsche Radidol schlechthin. Rund eine Million Kilometer hat er per Fahrrad zurückgelegt. Schon als Amateur fuhr er von Erfolg zu Erfolg, wurde sechsmal Deutscher Meister auf der Bahn. Weitere sieben Mal heimste er den Titel während seiner Profilaufbahn zischen 1960 und 1971 ein. Und auch heute noch dreht sich in seinem Leben alles rund ums Rad: Rudi Altig, vierfacher Weltmeister auf Bahn und Straße, Träger des Grünen Trikots bei der Tour de France (1962), Gewinner von 23 Sechs-Tage-Rennen, sieger der Flandern- und Spanien-Rundfahrt, Träger des Bundesverdienstkreuzes und des Silbernen Lorbeerblattes, Sportler des Jahres 1966, Sieger der Klassiker Mailand-San Remo, Genua-Nizza sowie des Criterium der Asse, langjähriger Bundestrainer der Nationalmannschaft und Betreuer verschiedener Profiställe, steht heute der einzigen deutschen Fahrrad-Akademie als „Professor“ vor. In den Räumen der Remagener Fahrradfabrik Schauff machte der 60jährige jährlich hunderte interessierter Fahrradfreunde „sattelfest“. Sein Wissen und seine Erfahrungen kommen auch dem Schauff-Konstruktionsteam zugute, dem Altig seit über 20 Jahren angehört.

SCHAUFF®

Informationen dazu im:

Fahrradpavillion OCTAGON, Zeppelinstraße, 53424 Remagen-Süd, Telefon 02642-22910, Fax 02642-936331. Öffnungszeiten mo-mi 9.30-18.30 Uhr, do-fr 9.30-19.30 Uhr, sa. 9.30-15.00 Uhr.

Vorwort

Das Radfahren zieht sich wie ein roter Faden durch mein Leben. Schon als kleiner Bub bin ich mit meinem Bruder per Fahrrad auf Entdeckungstour gegangen. Ein eigenes Fahrrad hatten wir damals nicht. Wir haben das vom Nachbarn geborgt und sind unterm Oberrohr durchgestiegen, um auf die Pedale zu kommen. Solch ein Bild wird man heute - glücklicherweise - vergeblich suchen. Denn auch beim Fahrrad spielt Individualität eine große Rolle.

Für jedes Alter, jede Körpergröße und nahezu jedes Bedürfnis halten Fachhändler das entsprechende Velo bereit. Von bequemen Cruisern über robuste Trekkingbikes, grazile Light-Räder, sportliche Mountainbikes und Rennräder, praktische Citybikes mit ausgefeiltem Transportsystem und gefederte Bandscheibenräder bis hin zu Tandems reicht heuer die Modellpalette.

Um Ihnen den Weg durch diesen wahren „Fahrraddschungel“ zu ebnen, haben wir vor einigen Jahren gemeinsam mit dem Landkreis Ahrweiler die „Fahrradakademie“ ins Leben gerufen. In den Räumen der Remagener Fahrradfabrik Schauff führen wir Seminare zu verschiedenen Themen rund ums Rad durch. Fahrradtechnik wird dabei ebenso beleuchtet wie Fahrradsicherheit, das richtige Verhalten im Straßenverkehr, gesundheitliche Belange, Fragen zur entsprechenden Ernährung und Bekleidung, zum maßvollen Training oder auch zu interessanten Fahradrouten.

Bücher wie der vorliegende Radwanderführer geben uns bei der Auswahl lohnender Ziele eine wichtige Hilfestellung. Und ein lohnendes Ziel sollten Sie bei Ihrer Tour durch das Koblenzer Umland auf keinen Fall verpassen: die Remagener Fahrradakademie. Ich freue mich auf Ihren Besuch, wünsche Ihnen viel Spaß bei der Lektüre dieses Buches und weiterhin erlebnisreiche Stunden auf dem Fahrrad.

Herzlichst Ihr

Rudi Altig

EINE STADT ERZÄHLT

Von Kurfürsten, Schönheit und Soldaten

Strecke: Koblenz Hauptbahnhof - Moselweiß - Balduinbrücke - Deutsches Eck - St. Kastor - Florinsmarkt - Münzplatz - Löhrstraße - Rathaus/Schängelbrunnen - Rheinanlagen - Kurfürstliches Schloß - Weindorf - Festung Ehrenbreitstein.

Länge: 12 km.

Streckenbeschaffenheit: flach, Ausnahme: Auffahrt nach Ehrenbreitstein.

Karte: City-Plan des Reise- und Verkehrsverlages, Falk-Verlag AG, Stuttgart/München.

Nahverkehr: unnötig.

Gestatten, Koblenz mein Name. Ich darf und möchte Ihnen, liebe Radfahrer, etwas über mich erzählen, Geschichtliches, Gegenwärtiges, über meine Menschen und die schönsten Bauten. Also, aufsitzen und los!

Etappe: Am Bahnhofsplatz links in die *Bahnhofstraße* - nach links in die *Rizzastraße* - nach rechts auf die *Löhrstraße* (Herz-Jesu-Kirche von 1906).

Es begann mit den Römern

In meinem Leben spielte das Militär stets eine entscheidende Rolle. Meine günstige Lage am Zusammenfluß von Rhein und Mosel veranlaßte die Römer im Jahre 9 v. Chr., hier eine neue Garnison einzurichten, das „castrum apud confluentes“ - meine offizielle Geburtsstunde. Mein heutiger Name ist die Weiterentwicklung des römischen: castrum apud confluentes, Confluentia, Koblenz. Die Römer wurden nach ein paar Jahrhunderten von den Franken vertrieben, doch das Militärische blieb mir erhalten. Am Startpunkt der Tour wird Ihnen das Fort aufgefallen sein, ein Ausläufer der Festungsanlage, die bis 1922 den Hügel Karthause bedeckte, der bis an den Bahnhof heranreicht. Heute gelte ich als der größte Bundeswehrstandort Deutschlands.

Etappe: Zu Beginn der Fußgängerzone nach links auf den Radweg an der *Hohenfelderstraße* - geradeaus an der Moselbrücke - kurz vor der Brücke links in die *Weisser Gasse* - dann rechts hinunter bis zum Moselufer - darauf rechts zur Balduinbrücke.

Die Balduinbrücke

Hinter der Balduinbrücke beginnt die Altstadt. Die Brücke ließ Erzbischof Balduin von Luxemburg, Kurfürst von Trier, im 14. Jahrhundert anlegen. Sie verfügte ursprünglich über 14 Bögen, drei von ihnen wurden jedoch in den Sechziger Jahren im Zuge der Moselregulierung abgebrochen und durch eine Betonkonstruktion ersetzt. Insgesamt eine recht unschöne Angelegenheit, die mich immer noch sehr schmerzt. In der Mitte der Brücke erinnert eine Steinfigur an den Erbauer Erzbischof Balduin von Trier.

Unter dem Krummstab

Fast acht Jahrhunderte lang, von 1018 bis 1794, gehörte ich zum Kurfürstentum Trier. Viele meiner schönsten Gebäude stammen aus dieser Zeit, so auch die Ende des 13. Jahrhunderts errichtete Alte Burg gleich hinter der Balduinbrücke. Sie war das Haupthaus der kurtrierischen Burg; die Kurfürsten hielten sich im Laufe der Jahrhunderte immer häufiger bei mir auf, ich wuchs zu ihrer zweiten Residenzstadt heran. Der letzte Trierer Kurfürst, Clemens Wenzeslaus, residierte fast ausschließlich hier. Die Alte Burg wurde später im Renaissance- und Barockstil erweitert und beherbergt heute das Stadtarchiv und die Stadtbibliothek.

Der im 16. Jahrhundert erbaute fünfstöckige, zinnengeschmückte Wohnturm „Deutscher Kaiser“ am anschließenden *Peter-Altmeier-*

Ufer ist eine Besonderheit: Es ist das einzige Gebäude der Altstadt, das über Jahrhunderte hinweg keine Kriegszerstörungen erlitten hat. Und das läßt sich als Wunder bezeichnen, wenn ich an die katastrophalen Verwüstungen zurückdenke, die zum Beispiel der Dreißigjährige Krieg (1618-1648) oder der 2. Weltkrieg bei mir hinterließen. Nie wieder, kann ich da nur hoffen.

Schwere Zerstörungen in den Kriegen

Etwas oberhalb des Ufers steht das Peter-Altmeier-Denkmal. Peter Altmeier (CDU) war von 1947 bis 1969 Ministerpräsident von Rheinland-Pfalz; diese 22jährige Regierungszeit bedeutet bundesrepublikanischen Rekord. Für drei Jahre, von 1947 bis 1950, war ich sogar die Hauptstadt von Rheinland-Pfalz! Dann jagte mir Mainz diesen Titel ab.

Drei Jahre Hauptstadt

Vor allem das Deutsche Eck hat mich wohl in ganz Deutschland und darüber hinaus bekannt gemacht. Hier, wo Mosel und Rhein zusammenfließen, errichtete die preußische Rheinprovinz in Erinnerung an den Sieg über Frankreich im Jahre 1871 und die damit einhergegangene Gründung des Deutschen Kaiserreiches auf einer eigens dafür angeschütteten Landzunge im Jahre 1897 ein Denkmal zu Ehren Kaiser Wilhelms I., der 1888 gestorben war. Fast wäre damals dieses Denkmal an mir vorübergegangen, denn der damals zuständige Provinziallandtag hatte sich zunächst für den Drachenfels über Königswinter als Standort entschieden. Doch Kaiser Wilhelm II. sorgte schließlich dafür, daß das 37 Meter hohe Reiterdenkmal seines Großvaters ans Deutsche Eck kam.

Am Deutschen Eck

48 Jahre lang hatte der Kaiser stromabwärts geblickt, den Rücken und das Hinterteil des Pferdes dem damaligen „Erzfeind“ Frankreich zugewandt, als im März 1945 ihn alliierte Granaten vom Sockel holten. Das reiterlose Monument wurde 1953 zum „Mahnmal der Deutschen Einheit“ erklärt und umgestaltet: In die halbrunde Südmauer wurden die Wappen der deutschen Länder (Stand: 1937) eingefügt. Nach der Wiedervereinigung von 1990 kehrte

dann auch Kaiser Wilhelm I. wieder zurück. Ein Koblenzer Verleger hatte auf seine Kosten eine 61,5 Tonnen schwere und 14 Meter hohe bronzene Nachbildung des ursprünglichen Reiterstandbildes anfertigen lassen, die im September 1993 auf dem Sockel ihren Platz fand. Der Aufgang in das Denkmal ist vom 1.4. bis 31.10. geöffnet.

Koblenz und die Preußen

Mir bescherten die Preußen, denen ich 1815 in die Hände fiel, zunächst genau das, wofür sie weltweit berühmt und berüchtigt waren: Kasernen und Festungen. Das rechtsrheinische Ehrenbreitstein gegenüber dem Deutschen Eck wurde von ihnen zur stärksten deutschen Festung ausgebaut. Ich hatte jedoch dann das

Die Koblenzer Kunstecke

Glück, daß der preußische König und spätere deutsche Kaiser Wilhelm I. und seine Frau Augusta sich sehr gerne innerhalb meiner Mauern aufhielten und mein Äußeres nun auch auf nützliche oder ansehnliche Weise umgestalteten. Die schönen Rheinanlagen stammen zum Beispiel aus dieser Zeit.

Etappe: Auf der Rheinseite am Denkmal vorbei - nach rechts dem Schild „Historische Altstadt“ folgen - kurz darauf nach links zum Deutschherrenhaus/Ludwig Museum.

Eine Oase der Ruhe und Kunst

Das Deutschherrenhaus, benannt nach einem christlichen Ritterorden des Mittelalters, der hier im Jahr 1216 eine Niederlassung gründete, bedeutet mir, unter uns gesagt, meine liebste Seite: Der Ort ist heute eine Oase der Kunst und Entspannung. Sei es nun das Ludwig Museum, gewidmet der modernen Kunst (Öffnungszeiten: Di-Sa 11-17, Do 11-20, So 11-18 Uhr), seien es die Ausstellungsstücke im Hof wie der beeindruckende Daumen von César, die Skulpturengruppe „Gedenkstätte der Erinnerung und des Vergessens“ oben im Mauereck oder der wunderschöne Blumenhof - das macht Spaß. Ach ja, falls ich es noch nicht erwähnte: Die Bezeichnung „Deutsches Eck“ geht auf die Deutschherrenritter zurück.

Witzige Geschichte - der Kastorbrunnen

Gleich anschließend erstreckt sich der Kastorplatz vor der katholischen Pfarrkirche St. Kastor. Die Kirche wurde 836 eingeweiht, ihr heutiges romanisches Aussehen erhielt sie jedoch im 12. und 13. Jahrhundert. Auf dem Kastorplatz steht der Kastorbrunnen, in gewisser Weise ein geschichtliches Kuriosum: Der französische Präfekt Jules Doazan ließ ihn 1812 zur Feier des siegreichen Einzuges Napoleons in Moskau errichten - das war ein wenig voreilig. Als schließlich 1814 die siegreichen russischen Truppen bei mir einrückten, versah ihr Befehlshaber, General St. Priest, ein Mann von Humor und Gelassenheit, die Inschrift des Brunnens mit dem Vermerk „Vu et approuvé“ („gesehen und gebilligt“).

Etappe: Hinter dem Brunnen nach links in Kastorhof - nach rechts in *Am alten Hospital* - daraufhin geradeaus weiter in *Auf der Danne* zum Florinsmarkt.

In der Altstadt

Das ist mein altes Zentrum - früher war ich eine reine Moselstadt! Die evangelisch-schlichte Florinskirche an der Ostseite des Florinsmarktes stammt aus dem 10./11. Jahrhundert, Mitte des 14. Jahrhunderts erhielt die romanische Basilika ihren gotischen Chor. An der Nordseite steht das zu Beginn des 15. Jahrhunderts erbaute, 1724 umgebaute Alte Kaufhaus; es diente schon als städtisches Kauf- und Tanzhaus, Rathaus und Schule. Heute beherbergt es - zusammen mit dem Schöffenhaus aus dem 16. Jahrhundert links daneben - das Mittelrhein-Museum. Es beschäftigt sich mit der Geschichte meiner Wenigkeit und der Kunst. Im Turm des Alten Kaufhauses steckt unter der Uhr ein bärtiger Kopf, der die Augen rollt und zu jeder vollen Stunde die Zunge herausstreckt. Rechts von der Florinskirche, auf der anderen Straßenseite, liegt das Pfarrhaus „Liebfrauen"; es hat einmal im 6. Jahrhundert als fränkischer Königshof angefangen.

Der Florinsmarkt in der Altstadt

Etappe: Am Florinsmarkt entlang und geradeaus in die *Burgstraße* - nach links durch Paradies zum Münzplatz - rechts das Haus Metternich, Geburtsstätte von Clemens Fürst von Metternich, von 1809 bis 1848 leitender Minister und Staatskanzler Österreichs - auf der linken Seite das alte Münzmeisterhaus von 1763, heute eine Altenbegegnungsstätte - den Platz überqueren und in die *Marktstraße* (Beginn der Fußgängerzone) - am Übergang *Marktstraße/Löhrstraße* die vier Erkerhäuser „Vier Türme" aus dem 17. Jahrhundert - nach

Das geschäftliche Herz: Einkaufen pur in der Löhrstraße

links in den *Altengraben* - Überqueren des Platzes Plan - geradeaus weiter in *Entenpfuhl* - nach rechts in die *Firmungstraße*.

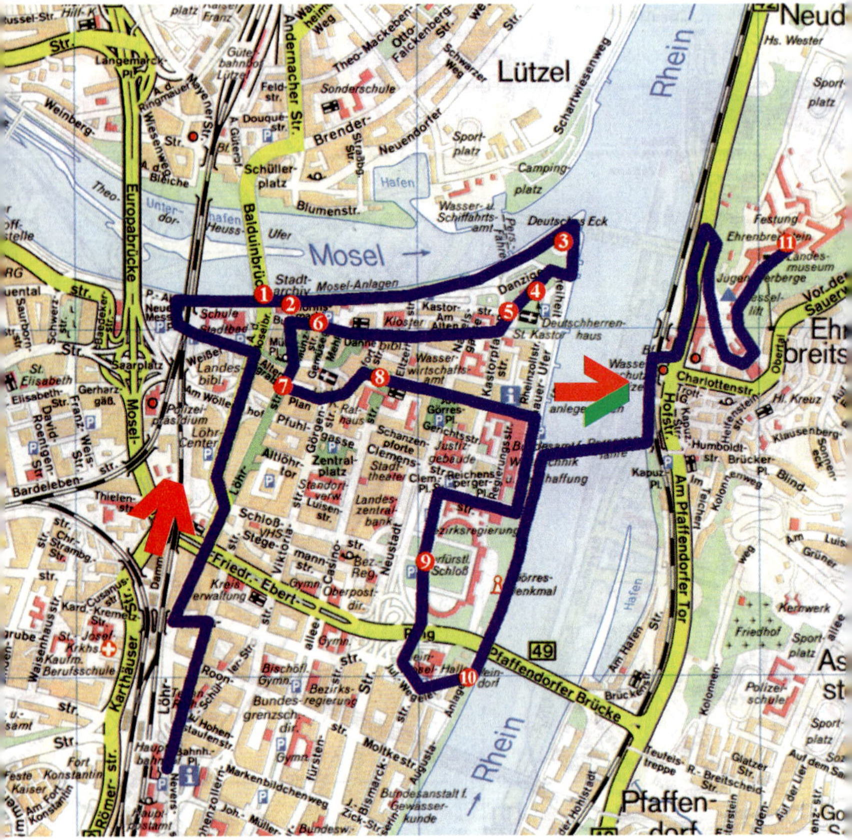

- **1** *Balduinbrücke*
- **2** *AlteBurg*
- **3** *Deutsches Eck*
- **4** *Deutsch-herrenhaus*
- **5** *Kastorplatz*
- **6** *Florinsmarkt*

- **7** *Vier Türme*
- **8** *Rathaus*
- **9** *Schloß*
- **10** *Weindorf*
- **11** *Ehrenbreitstein*

Vom Jesuitenplatz, genauer gesagt, aus dem Gebäude mit der schönen Renaissancefront, auf das Sie jetzt quer über den Platz blicken, werde ich heute regiert. Seit 1895 dient das ehemalige Haus des Jesuitenkollegs als Rathaus. Die Durchfahrt führt in den Rathaushof, wo der Schängelbrunnen steht. „Schängel" - so nannten in Ableitung aus dem französischen „Jean" meine Koblenzer die Jungen, die stets zu Streichen aufgelegt waren. Die Franzosen und ich haben stets eine innige Beziehung gepflegt, mal freiwillig in wirtschaftlich-kultureller Hinsicht, mal unfreiwillig in zahlreichen Kriegen und Besatzungsjahren. Der Schängel auf dem Brunnen jedenfalls hat es in sich, wie Sie inzwischen sicher schon gemerkt haben...

Der spritzige Schängel

Etappe: Weiter auf der *Firmungstraße* - geradeaus in die *Rheinstraße* - am Rheinufer am Bundesamt für Wehrtechnik und Beschaffung nach rechts auf das *Konrad-Adenauer-Ufer.*

Wo heute die Fähre nach Ehrenbreitstein verkehrt, tat von 1819 bis 1945 eine „mobile" Brücke ihren Dienst. Sie ruhte auf 36 eisernen Pontons, zwei oder drei Joche wurden ausgefahren, um Schiffe passieren zu lassen. Ein paar Schritte weiter steht der alte Rheinkran, heute genutzt als Pegelhaus. Mir stand das Wasser schon oft genug bis zum Hals! Na ja, im Laufe der Jahrhunderte gewöhnt man sich auch daran. Wenn bloß das Wasser nicht so dreckig wäre... Das Pegelhaus markiert den Anfang der Rheinanlagen, die sich über drei Kilometer lang bis hinunter zur Insel Oberwerth ziehen. Diese grüne Parklunge entstand auf Wunsch von Kaiserin Augusta, der Ehefrau Kaiser Wilhelms I.

Ein Leben mit dem Wasser

Etappe: Vom *Konrad-Adenauer-Ufer* nach rechts die *Stresemannstraße* hoch - nach links über den Parkplatz zum Schloßplatz.

Clemens Wenzeslaus von Sachsen, letzter Erzbischof und Kurfürst von Trier, machte

Am Schloß

mich zu seiner Residenzstadt und prägte mein Bild nachhaltig. In seiner Zeit entstanden zum Beispiel das Kurfürstliche Schloß (1786), eines der frühesten klassizistischen Gebäude auf deutschem Boden, und das Stadttheater (1787) am *Deinhardplatz*, gegenüber der nordwestlichem Ecke des Schloßplatzes. Ab Mitte des 19. Jahrhunderts bewohnten der spätere Kaiser Wilhelm I. und seine Frau Augusta die ehemalige kurfürstliche Residenz. Heute sind in dem langestreckten Bau verschiedene Behörden untergebracht.

Etappe: Am Schloß geradeaus vorbei und durch die Unterführung zur Rhein-Mosel-Halle - links um die Halle herum und über den Parkplatz zum Weindorf.

Wo der Wein in Strömen fließt

Das 1925 für die Jahrtausendfeier des Rheinlandes errichtete ausladende Weindorf ist laut Auskunftsschild ein „Zentrum rheinisch-moselländischer Fröhlichkeit". Wer Bierzelt-Atmosphäre schätzt, kann sich hier, umrahmt von Fachwerk und unterhalten von einer rheinischen Stimmungskapelle, in fröhlicher Geselligkeit mit ein paar hundert Gleichgesinnten mit Wein und rheinland-pfälzischen Speisen abfüllen lassen. Geöffnet ist das Weindorf von Ostern bis Ende Oktober.

Etappe: Nach links in die Rheinanlagen unter der Pfaffendorfer Brücke durch zur Fähre zum rhechtsrheinischen Ehrenbreitstein (Fahrzeiten: Mo-Fr 7.30-17.55, Sa-So 8.30-17.55) - am anderen Ufer nach links am Rhein entlang - am Bahnhof Ehrenbreitstein nach rechts (Radweg „Ehrenbreitstein") - in die Unterführung und nach links.

Mögen Sie es lieber bequem oder sportlich? Über dem Parkplatz geht es zum Eingang der Sesselbahn (Fahrzeiten: 10-17 Uhr), die hinauf zur 118 Meter hoch gelegenen Festung schaukelt. Die *Hofstraße* führt nach links an der schönen Rokokofront des kurfürstlichen

Hoch oben auf der Festung

Dikasterialgebäudes vorbei zur Straße, die sich kurz aber beinhart bergan windet. Die Aussicht auf das Rhein- und Moseltal lohnt auch diese Mühe. In der alten preußischen Festung sind unter anderem das Landesmuseum Koblenz, eine Jugendherberge und das Ehrenmal des deutschen Heeres untergebracht. Das Landesmuseum (Öffnungszeiten: 9-12.30 Uhr sowie 13-17 Uhr von Mitte März bis Mitte November) dokumentiert, von den Mühlenwerken über den Weinbau bis hin zu den Autopionieren August Horch und Nikolaus August Otto, die Wirtschafts-, Technik- und Sozialgeschichte der Region.

Ja, und hier oben geht auch unsere kleine Rundfahrt zuende. Ich hoffe, es hat Ihnen gefallen, was und wie ich bin. Vielen Dank für Ihr Interesse!

WAS NAPOLEON BEGLÜCKTE

In den Koblenzer Stadtwald

Strecke: Koblenz Bahnhof - Rittersturz - Remstecken - Lay - Koblenz Bahnhof.

Länge: insgesamt 24 Kilometer, bis Remstekken 10 Kilometer.

Streckenbeschaffenheit: starke, sehr anstrengende Steigungen bis zum Ausflugslokal Remstecken.

Karte: Deutsche Radtourenkarte 18 (Westerwald/Taunus), Haupka-Verlag, Bad Soden/Taunus.

Nahverkehr: unnötig.

Etappe: Bahnhof - rechts *Nevenstr. - Frankenstr. - Chlodwigstr. - Merowingerstr. - Schützenstr.* - Laubach/*Römerstr.* - in den Stadtwald - jetzt heißt es erst einmal, kräftig in die Pedale zu treten, der Anstieg zieht sich über zwei Kilometer - Rittersturz - schöner Ausblick auf den Rhein, das Koblenzer Stadion und Ehrenbreitstein.

Vom Ausflugslokal zum Hotel

Der Rittersturz: In den Anfängen war es einmal ein kleines Ausflugslokal, das sich aber aufgrund seines Ausblickes so großer Beliebtheit erfreute, daß der Besitzer es 1927 zu einem ansehnlichen Hotel ausbauen ließ. Bis 1960 konnte man den Rittersturz sogar noch mittels einer Bergbahn erreichen. Doch Anfang der siebziger Jahre, um genau zu sein 1974, kam das Aus für das Hotel. Es mußte abgerissen werden, da die Gefahr eines Felssturzes bestand. Ein trauriges Ende für das schöne Hotel, in dem auch bundesrepublika-

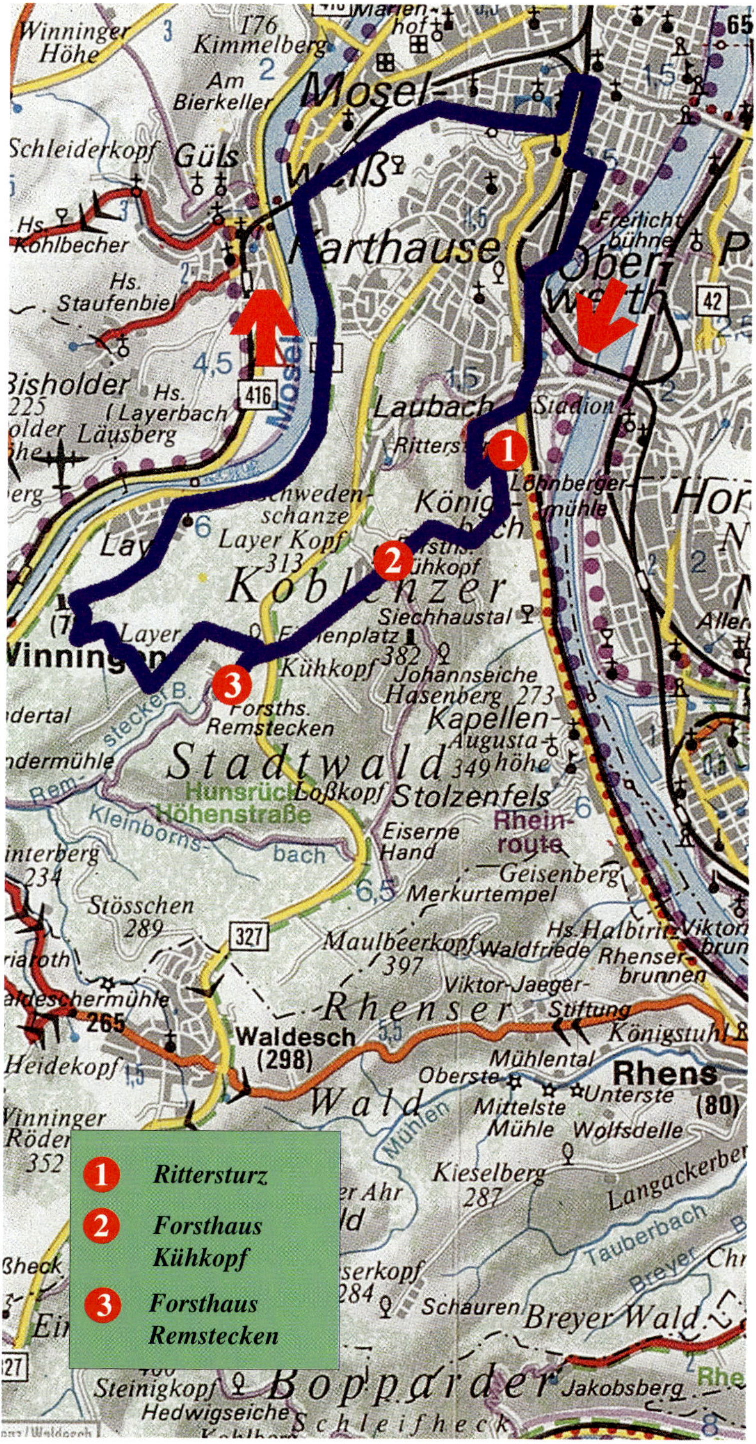

Winninger Höhe
176
Kimmelberg
Am Bierkeller
Mosel-
Schleiderkopf
Güls
Hs. Kohlbecher
Hs. Staufenbiel
Karthause
Ober-
Freilicht-bühne
42
416
Mosel
Laubach
Stadion
Rittersturz
Löhnberger-mühle
Bisholder 225
Hs. Layerbach
Läusberg
schanze
Layer Kopf 313
Koblenzer
Forsths. Kühkopf
Siechhaustal
Layer
Kühkopf 382
Johannseiche
Hasenberg 273
Forsths. Remstecken
Kapellen-
Augusta-höhe 349
Stadtwald
Hunsrück Höhenstraße
Loßkopf
Stolzenfels
Rhein-route
Kleinborns-bach
Eiserne Hand
Geisenberg
Merkurtempel
Stösschen 289
327
Maulbeerkopf 397
Waldfriede
Hs. Halbiritz
Rhenser brunnen
Viktor-Jaeger-Stiftung
Rhenser
265
Waldesch (298)
Königstuhl
Heidekopf
Mühlental
Oberste
Mittelste Mühle
Unterste
Rhens (80)
Wald
Wolfsdelle
Winninger Röder 352
Kieselberg 287
Langackerberg
Tauberbach
Breyer
Schauren
Breyer Wald
Steinigkopf
Hedwigseiche
Boppader
Jakobsberg
Schleifheck
1 Rittersturz
2 Forsthaus Kühkopf
3 Forsthaus Remstecken

nische Geschichte geschrieben worden ist.

Vom 8. bis 10. Juli 1948 tagte hier die Konferenz der deutschen Ministerpräsidenten. Aus ihren Beratungen führte der Weg über den Parlamentarischen Rat zur Annahme des Grundgesetzes und zur Bildung der Bundesrepublik Deutschland. Wir befinden uns sozusagen auf historischem Boden. Heute erinnert noch ein

Versteckt im Wald: Das Forsthaus Kühkopf

fünf Meter hohes Denkmal daran: Es handelt sich dabei um drei Säulen, die in der Mitte miteinander verwachsen sind. Es soll die drei Westzonen symbolisieren, die sich damals zur demokratischen Bundesrepublik Deutschland zusammengeschlossen haben. Tja, unser gutes altes „Trizonesien".

Ach, was war das früher schön in Trizonesien

Weiter geht es in Richtung Funkturm. Der asphaltierte Weg schlängelt sich kurvenreich den Berg hinauf. Auch wenn er nicht so steil ansteigt, wie ich es anfangs befürchtete, gerät man hier doch ins Schwitzen und Schnaufen. Auf halber Höhe stoßen wir auf einen Trimm-Dich-Pfad, den wir im Moment aber nicht nutzen wollen. Wir trimmen uns bereits auf andere Weise. Und Gott sei Dank ist unser nächstes Etappenziel ein Ausflugslokal, auf das wir geradewegs zusteuern: Das Forsthaus Kühkopf.

Und hier haben wir uns wirklich einen kühlen Schluck verdient (montags Ruhetag). Am Kühkopf vorbei führt uns der Weg dann über den gelben Sandweg weiter. Und wieder geht es bergauf. Das nächste Ziel ist Remstecken. Wiesen- und waldumgeben liegt es verträumt und romantisch im tiefen Stadtwald. Über die Hunsrückhöhenstraße, die wir passieren müssen, erreichen wir das Wildgehege. Der Name Remstecken leitet sich von Rebstock ab, was bedeuten könnte, das hier in alter Zeit wohl einmal Wein angebaut wurde.

Über das Forsthaus Kühkopf zum Ausflugslokal Remstecken

Remstecken, ebenfalls ein bekanntes und beliebtes Ausflugslokal, liegt am Rande einer großen Lichtung und bietet neben den üblichen Verzehrmöglichkeiten eine Vielzahl an Unterhaltungen. Insbesondere - und das dürfte wohl die Mehrzahl kleiner Mädchen interessieren - besteht hier die Möglichkeit, auf einem Pony zu reiten. Daneben kann man den Rehen und Hirschen auf der Wiese zuschauen, die übrigens auch gefüttert werden können. Dafür wurden Automaten bereitgestellt, an denen man gegen ein Entgeld artgerechtes Futter ziehen kann. Ein Spaß, der, wie ich beobachten konnte, nicht nur Kindern viel Vergnügen bereitet. Wann hat man schon einmal die Gelegenheit, einem Hirsch oder Reh so nahe zu kommen. Und die gar nicht mehr so scheuen Tiere, sie wissen natürlich auch, daß es was zu fressen gibt. Sie drängen sich gern am Zaun, um die kleinen Naschereien zu ergattern.

Füttern erlaubt!

Direkt gegenüber der Gastschenke befindet sich auch ein Waldmuseum, in dem man alles Wissenswerte rund um den Wald und seine Bewohner erfahren kann.

Wir fahren ein Stück zurück und biegen gegenüber vom Parkplatz links in den *Layer Bergweg*, einen asphaltierten Weg, ein. Ein kurzes Stück geht es noch durch den Wald, dann kommen wir an eine Lichtung mit einem wahrhaft tollen Ausblick über das Gebirge. Direkt am Waldrand befindet sich auch eine Bank, so daß man den Panoramablick in aller Muße genießen kann. Bei klarer Sicht erschei-

Stadtwald im Herbst

nen die angrenzenden Berge und Hügel zum Greifen nah. Wahrlich ein Blick für Genießer. Jetzt kann man auch verstehen, daß Napoleon vom Stadtwald so begeistert war. Seine Euphorie soll angeblich in dem Ausruf „je suis heureux“ - „ich bin glücklich“ - gegipfelt haben.

Nun kann ich Napoleon verstehen

Und auch bei der Weiterfahrt, die dadurch sehr angenehm wird, daß man sich rollen lassen kann, werden immer wieder tolle Ausblikke ins Moseltal frei. Einen wunderschönen Blick auf die Landschaft gibt der Karola -Turm preis, der 1895 vom damaligen Koblenzer Bürgermeister erbaut worden ist und nach seiner verstorbenen Frau benannt wurde. Auch so kann man seiner Geliebten ein Denkmal setzen, ein kleines Tajmahal, wenn man so will.

Blick ins Moseltal

Der Weg windet sich in unzähligen Kurven den Berg hinab bis in den Stadtteil Lay. Eigentlich erreichen wir die Mosel, die wir ja schon so oft von oben bewundern durften, viel zu früh. Von mir aus hätte die Strecke sich noch einige Kilometer so ziehen können. So sind wir aber wieder mitten im eher unromantischen Leben.

Über die *Moselstraße* geht es zurück nach Koblenz. Leider befindet sich hier kein Radweg neben der Straße, so daß wir bis zur Gülser Brücke gezwungen sind, am Straßenrand zu radeln. Insbesondere wenn man mit Kindern unterwegs ist, heißt das, hier vermehrt auf die Kleinen zu achten. Am besten vorneweg fahren lassen, dann hat man sie im Auge. An der Gülser Brücke angekommen, folgen wir der Ausschilderung ins Zentrum.

Entlang der Mosel nach Koblenz

Etappe: Über den *Unterbreitweg* links in die Straße *In der Hohl,* dann sofort wieder rechts in die *Beatusstr.* - über die *Karthäuserstr.* und die *Löhrstr.* fahren wir zurück zum Bahnhof.

WO DER WEIN WÄCHST

Ein Ausflug nach Winningen

Strecke: Hauptbahnhof - Moselweiß - Güls - Winningen und zurück.

Länge: 14 km (mit Rückfahrt 23 km)

Streckenbeschaffenheit: eben.

Karte: Deutsche Radtourenkarte 18 (Westerwald/Taunus), Haupka Verlag, Bad Soden/Taunus.

Nahverkehr: DB Koblenz Hbf in Richtung Cochem/Trier über Moselweiß und Güls nach Winningen.

Koblenz und der Wein

Koblenz zählt zu den bedeutendsten Weinhandelsplätzen am Rhein. An Weinlokalen und Wein herrscht kein Mangel. Vorwiegend weiß ist der Rebensaft, er stammt von Rhein und Mosel. Die populärste Abfüllstation der Stadt ist das fachwerkliche Weindorf an der Pfaffendorfer Brücke, gebaut 1925 zur Jahrtausendfeier des Rheinlandes. Und wer schon immer mal Antwort auf die Frage „Wo ist der Deinhard?" haben wollte, befindet sich auch am richtigen Orte: Die wohlbekannte Sektkellerei Deinhard residiert mitten in Koblenz, in der Nähe des Stadttheaters, am Deinhardplatz! Allerdings: Zu einem eigenen Wein von Rang und Namen hat es Koblenz nicht gebracht. Wer Reben sehen möchte, wer guten Wein dort genießen möchte, wo er wächst, muß hinaus - und der kürzeste Weg führt nach Winningen an der Mosel.

Etappe: Hauptbahnhof in Richtung Moselweiß verlassen - nach rechts auf die *Römerstraße* - an der Kreuzung nach links in die *Beatusstraße* - an deren Ende am Bahnhof Moselweiß nach links in *In der Hohl* - nach rechts in den *Unterbreitweg* (Radweg „Cochem") - über die Eisenbahnbrücke nach Koblenz-Güls - auf anderer Moselseite Radweg „Durch die Weinberge nach Winningen" rechts auf die *Teichstraße.*

TOUR 3 Wein

In Güls stoße ich auf die ersten Weingüter und Weinberge. Hier wachsen zum Beispiel der „Gülser Bienengarten" und der „Gülser Königsfels". Die Zusätze zum Ortsnamen markieren die „Weinlage", also den Anbaubereich, aus dem der Wein stammt. Sowohl der Gülser Bienengarten als auch der Gülser Königsfels sind Rieslingweine - absolut typisch für die Mosel. Der Riesling, von den Winzern „die Königin der Weißweinreben" genannt, hat den weltweiten Ruf des Weinbaulandes Deutschland begründet. Rieslingweine werden als herzhaft, rassig, reich an geschmacklichen Feinheiten, frisch und harmonisch charakterisiert.

Moselland ist Rieslingland

Das Anbaugebiet Mosel-Saar-Ruwer, das nördlichste der Erde, umfaßt heute eine Rebfläche von rund 12300 Hektar: Davon sind 68 % mit Riesling, 20 % mit Müller-Thurgau und 10 % mit Elbling bepflanzt, sämtlichst Rebsorten für Weißwein.

Etappe: Geradeaus weiter durchs Stadtzentrum - an der romanischen Pfarrkirche St.Servatius dann nach links in die *Gulisastraße* (Radweg „Cochem") - vorbei am Bahnhof Güls - am Ortsende weiter durch eine Gartenkolonie Richtung Winningen (Radweg „Durch die Weinberge nach Winningen").

Winningen empfängt mich mit der Weinlage „Röttgen". Ein Meer von Rebstöcken bedeckt die steilen Hänge rechts von mir. Hoch übereinander aufgetürmte, nach Süden geneigte Schieferterrassen - eine solche Steil- oder Hanglage und solcher Boden lassen den Riesling am besten gedeihen.

So liebt es der Riesling

In den Tallagen dagegen, auf lehmreichem Boden, ist oft die Rebsorte Müller-Thurgau zu finden. Winningen, einstmals das größte geschlossene Weinan-

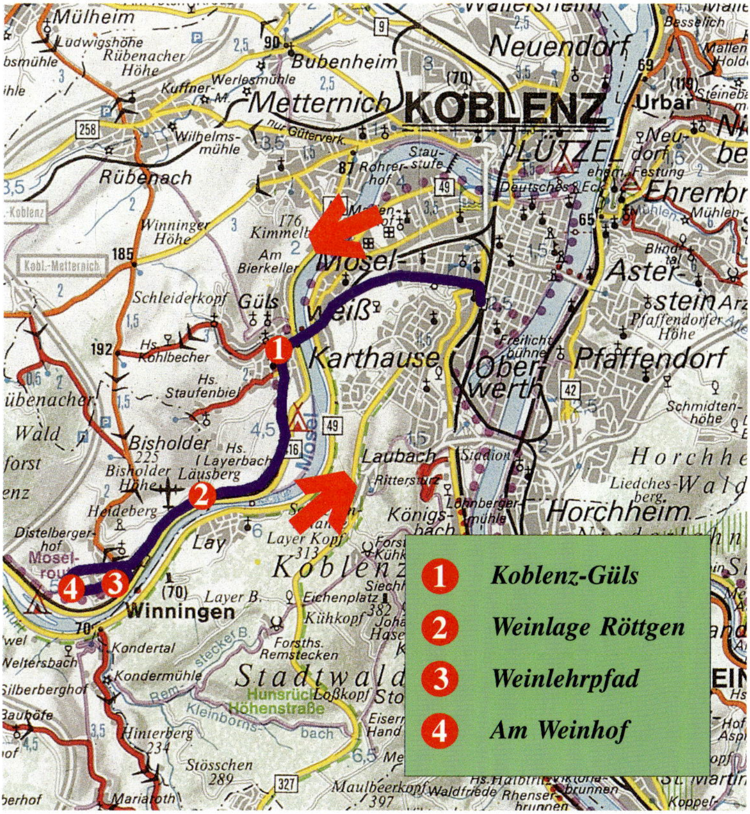

baugebiet an der Mosel, besticht als Riesling-Hochburg: über 80 % der heutigen Rebfläche von 220 Hektar sind mit dieser Rebsorte bepflanzt. Neben der Lage Röttgen gilt die Riesling-Weinlage „Uhlen" am anderen Ende des Ortes als die beste Winningens.

Etappe: Kurz vor den ersten Häusern nach rechts weiter an den Rebflächen entlang - dann geradeaus auf der Straße *In der Aach* nach Winningen hinein - am Friedhof nach links in die *Graf-Sponheim-Straße* - an deren Ende nach rechts die *August-Horch-Straße* hoch (an der Einmündung Überblicksplan Winningen).

Zu Gast in Winningen

Zumeist haben eine Straße und die Person, deren Namen sie trägt, nichts miteinander zu tun, doch in diesem speziellen Fall paßt die Namensgebung wie die Faust aufs Auge: Die

Im Ortszentrum von Winningen

Asphalttrassen bildeten sozusagen die Grundlage für die Karriere von August Horch (1868 - 1951), dem bekanntesten Sohn und Ehrenbürger der Stadt. Horch, Sproß einer Winninger Winzer- und Schmiedefamilie, gründete bereits 1899 seine eigene Automobilfirma und stellte 1900 den ersten selbstkonstruierten Motorwagen vor.

Der Autopionier August Horch

Im Jahre 1910 gründete der Autopionier unter dem Namen „AUDI" - lateinisch für „Horch!" - eine weitere Automobilfirma. Sein Name steht auch für die Bildung der Auto Union AG Anfang der dreißiger Jahre und deren Neuentstehung nach dem 2. Weltkrieg.

Etappe: Nach links in die *Neustraße* - dem Hinweis „Weinlehrpfad" nach rechts in die *Fährstraße* folgen - nach links *Am Rosenberg.*

Auf dem Weinlehrpfad

Nun aber zurück zur Natur und zum Wein. „Kein anderes Getränk beflügelt den Menschen mehr als Wein" steht über der Einfahrt zum Weinlehrpfad geschrieben. Der Anstieg in den Weinberg ist sanft, da komme ich auch in gänzlich unbeflügeltem Zustande hoch. Rund vier Kilometer Informationen, verteilt auf ca. 35 große Weinblätter-Schilder, erwarten die Wissensdurstigen auf dem Weg durch die Weinlagen „Domgarten", „Hamm" und „Weinhex". Die Aussicht auf Winningen, seinen Yachthafen und das Moseltal ist prächtig. Schutzhütten und Bänke laden zum entspannten Nachdenken über die detaillierten Informationen zum Wein und der Winzerarbeit ein.

Weinberg gefällig?

Ob ich mir wohl irgendwann einen Weinberg zulege? Der Ertrag pro Hektar Rebfläche für ein gutes Tröpfchen, zum Beispiel einen Qualitätswein, liegt bei etwa 50 Hektolitern, also 5000 Litern, das bedeutet über 7000 Flaschen im Jahr. Dann könnte ich rund 20 Flaschen pro Tag trinken - hm, das ist vielleicht doch ein bißchen viel. In Deutschland gibt es zwei große Güteklassen für Weine: die Basis bilden die Tafelweine (Landweine), die Spitze die Qualitätsweine. Letztere gliedern sich in die Qualitätsweine bestimmter Anbaugebiete (Q.b.A.), bei dem das Herkunfts-Anbaugebiet des Weines angegeben wird, und die höherwertigen Qualitätsweine mit Prädikat, zum Beispiel Kabinett, Spätlese, Auslese, Beerenauslese, Trockenbeerenauslese oder Eiswein.

Mit kühner Brachialität: Die Moseltalbrücke (136 Meter), Deutschlands höchste Brücke

Etappe: Am Ende des Lehrpfades, in Sichtweite der Moseltalbrücke, hinter dem Ausfahrttor nach rechts - geradeaus bis zum Wegende - rechts hinunter auf den *Distelbergerhofsweg* - nach rechts in die *Raiffeisenstraße* - geradeaus in die *Bachstraße* zum *Marktplatz* mit der Festspielbühne für das Moselfest - geradeaus weiter auf der *Bachstraße* zum Weinhof.

Weinreben im Moseltal

Das älteste Weinfest Deutschlands

Die Winninger Hex

Der Platz „Am Weinhof“ ist das Zentrum des Moselfestes, des ältesten Winzerfestes in Deutschland, das alljährlich zwischen dem letzten August-Wochenende und dem ersten September-Wochenende stattfindet. Das Fest wird traditionell von der Weinkönigin und - eine Winninger Spezialität - von der Weinhex eröffnet. Heute verbindet man mit der Weinhex feuchtfröhliche Stimmung und guten Wein; ihr Name und auch der Weinhexbrunnen am Weinhof erinnern jedoch an eine dunkle Epoche in der Geschichte der Stadt: von 1630 bis 1661 fielen 21 Frauen und Männer aus Winningen der Hexenverfolgung zum Opfer.

Etappe: Vom Weinhof nach links in die *Osterstraße* - nach rechts die *Fährstraße* hinauf - nach links in die *Kirchstraße* - oberhalb der im Ursprung romanischen evangelischen Kirche entlang - dann geradeaus weiter in die *Schulstraße.*

Das Wein- und Heimatmuseum

Das im romanischen Stil erbaute Gebäude mit der Hausnummer 5, ehemals die Volksschule, beherbergt heute das Wein- und Heimatmuseum der Stadt (Öffnungszeiten: Mi und Sa von 15-16.30 Uhr im Zeitraum April bis November). Tip: Wer noch mehr über den Weinbau und August Horch erfahren möchte, sollte das Landesmuseum Koblenz auf der Festung Ehrenbreitstein besuchen (Öffnungszeiten: 9-12.30 Uhr und 13-17 Uhr von Mitte März bis Mitte November). Das Museum widmet dem Winninger Autokonstrukteur und der Geschichte des Weinbaus eigene Abteilungen.

Etappe: Weiter auf der *Schulstraße* - am Haus „St.Petershof" nach links hinunter zu den Bahnschienen - dort wieder links - vorbei am Horntor, dem letzten erhaltenen Tor der Ortsbefestigung aus dem 16. Jahrhundert - die *August-Horch-Straße* überqueren - geradeaus in die *Bahnhofstraße.*

Zurück nach Koblenz

Für die Rückfahrt nach Koblenz gibt es drei Alternativen: Die Eisenbahn (Abfahrt vom Bahnhof Winningen in der *Bahnhofstraße*), das Schiff (die Anlegestellen sind gleich um die Ecke) und natürlich das Rad. Wer letzteres bevorzugt, fährt kurz vor dem Bahnhof nach links in den *Röttgenweg* (Radweg „Güls") und gerät dann auf denselben Weg, der schon zur Hinfahrt diente.

Ich werde jetzt erstmal die Theorie mit der Praxis verbinden und eine Weinstube im schönen Fachwerk-Ortskern testen: Prost, prost!

DON QUIXOTTE EINMAL ANDERS

Eine rasante Wind- und Wassermühlentour

Strecke: Koblenz Hbf - Metternich - Rübenach - Bassenheim - Mülheim-Kärlich - Bubenheim - Metternich.

Länge: 30 km.

Streckenverlauf: mehrere steile Anstiege und rasante Abfahrten.

Karte: Deutsche Radtourenkarte 17 (Eifel/Mosel/Ahrtal), Haupka-Verlag, Bad Soden/Taunus.

Nahverkehr: unnötig.

„Eine Radtour zu einer Windmühle? Wo soll denn die sein hier in Koblenz?" Ich bin völlig überrascht ob dieser Neuigkeit und denke zunächst an einen Irrtum meines Freundes. Der aber beharrt energisch auf seiner Aussage. „Doch, ganz sicher, oberhalb von Rübenach soll die stehen, und das schon seit über 90 Jahren! Das hat mir gestern abend in der Disco eine neue Bekannte erzählt." „Sag bloß, war die blond?" entgegne ich, denn so recht will ich meinem Freund die Story nicht abnehmen. „Red' kein dummes Zeug", bekomme ich zu hören, „die Windmühle soll dort oben neben einem Reiterhof zu finden sein, den hab' ich auf der Karte schon ausgemacht." Ich will kein Spielverderber sein. Obwohl mein Fahrrad auch schon bessere Zeiten gesehen hat und recht abgetakelt ist. Aber gut, aufgesessen und vom Bahnhof aus gestartet. Um dem Straßenverkehr möglichst aus dem Weg zu

Die neue Bekannte

gehen, beginnen wir unsere Tour auf der Rückseite des Bahnhofs.

Etappe: Hinterausgang Bahnhof - *Beatusstr.* - rechts *Heiligenstr.* unter der Eisenbahnunterführung durch - rechts *Koblenzer Str.* - links *Kempenhofweg* - nach links zum Moselufer, dort rechts - Auffahrt Kurt-Schumacher-Brükke rechts, in einer 180° Kurve auf die linke Seite der Brücke auf den Radweg (Vorsicht! auf der rechten Fahrspur ist kein Radweg vorhanden!)

Bestens ausgerüstet

Auch das Rad meines Freundes sieht alles andere als vertrauenerweckend aus. Das Vorderrad eiert ein bißchen, und auch von der Größe ist es mehr ein Kinderrad mit kleiner Übersetzung. Aber was soll's, solange es verkehrssicher ist. Außerdem ist mein Freund mit 1,60 Metern auch nicht gerade großgewachsen, und überhaupt: er hat ja den Vorschlag zu dieser Radtour gemacht, soll er doch sehen, wie er zurechtkommt. Wir kämpfen uns über die Kurt-Schumacher-Brücke und erfahren bereits in Metternich einen ersten Kräfteverfall.

Etappe: Am Ende der Kurt-Schumacher-Brükke Überqueren der *Winninger Str.* - geradeaus Richtung Metternich in die *Oberstr.* - diese mündet in einer Links-Rechts-Kurve in die *Raiffeisenstr.* - links *Trierer Str.*

Durch Metternich zieht sich der Weg bereits mit einer leichten Steigung, was ich mit Unmut vermerke. Ich wundere mich über den Enthusiasmus, mit dem mein Freund Max diese Radtour angeht. So kenne ich ihn gar nicht. Er schaut auf seinen Plan. „Ja, hier müssen wir links fahren und sind nach ein paar hundert Metern schon an der Windmühle.“ Denkste! Die *Trierer Straße*, auf der wir uns jetzt bewegen, hat es in sich. Aus einer harmlosen Steigung wird ein gewaltiger Anstieg, der mehr für Rudi Altig gedacht ist als für mich. Ich

Ein Fall für Rudi Altig

steige ab, Schieben ist angesagt. Und siehe da: keuchend und nach Atem ringend muß auch Max aufgeben, der mir mit seinem Drahtesel vorausgeeilt war. Gemeinsam schieben wir unsere beiden „Schmuckstücke" die langgezogene Steigung hinauf. „Schöner Spaziergang, was?" versuche ich einen ironischen Seitenhieb in Richtung meines Begleiters. Dieser aber scheint mir gar nicht zuzuhören. Seine Wangen sind rotgefärbt, und seine Augen leuchten. Was geht da vor?

Endlich sind wir auf der Höhe angelangt. Und ich muß zugeben: die Anstrengung hat sich gelohnt. Vor uns haben wir über Wiesen und Felder einen herrlichen Blick auf den Stadtwald und den Koblenzer Fernsehturm, rechts von uns befindet sich ein Reiterhof und links...ich traue meinen Augen nicht, links von uns grüßen mich die silbernen Flügel...einer Windmühle! Max schaut auf die Uhr: „Wir haben noch etwas Zeit, komm, laß uns das Gerät mal anschauen." Merkwürdig. Haben wir es eilig? Ich wundere mich über gar nichts mehr und füge mich dem Wunsche meines Freundes, zumal mich dieses silberglänzende Ding selbst interessiert. Also holpern wir links die knapp 100 Meter über den Feldweg bis zu unserem Ziel. Bei näherem Hinsehen müssen wir allerdings feststellen, daß es sich vielmehr um ein Windrad handelt denn um eine Mühle. Macht nichts, die Konstruktion aus dem Jahre 1912 hinterläßt auch so noch einen imposanten Eindruck. 1990 wurde das fast 20 Meter hohe Windrad restauriert, und man kann heute auf dem neu angelegten angrenzenden Grillplatz sogar Fêten feiern. So wie wir mit unseren etwas heruntergekommenen Rädern vor diesem silbernen Monstrum stehen und beinah ehrfürchtig zu ihm emporschauen, drängt sich mir unwillkürlich der Vergleich von Don Quixotte und seinem Knappen Sancho Pansa auf. Der kleine Max, ich mit meinen knapp zwei Metern Körpergröße, die klapprigen Räder, eine Windmühle...eigentlich fehlt jetzt nur noch eine Dulcinea. Von einer Attacke der

Ein Windrad gibt sich die Ehre

Kein Kampf mit den Flügeln

Windrad oberhalb von Metternich

Windradflügel sehe ich zunächst ab, zumal auch Max erneut zur Eile drängt. Also schwinge ich mich wieder auf meine „Rosinante“, und wir fahren Richtung Reiterhof.

Auf dem Vorplatz mit den Pferdeställen bremst mein Freund abrupt hat. „Warte einen Moment,“ meint er. Ich habe nichts dagegen. Um uns herum nämlich tummeln sich viele

Dulcinea erscheint

TOUR 4
Mühlen

junge Mädchen, manche noch minderjährig, und hegen und pflegen ihre vierbeinigen Freunde. Allerdings scheinen die Mädels wirklich nur für die Pferde Augen zu haben, die sie hätscheln und küssen und mit denen sie sogar sprechen. Ich bin enttäuscht. Schon will ich Max zum Weiterfahren animieren, da sehe ich, wie ein junges hübsches schwarzhaariges Mädel auf meinen Freund zuläuft und ihn herzlich begrüßt. Jetzt wird mir einiges klar. Nur deswegen sollten wir unbedingt diese Radtour machen! Schon will ich protestierend auf meinen Freund Max einige passende Bemerkungen herabprasseln lassen, da kommt die schwarzhaarige Dulcinea auch zu mir. „Hi, ich bin die Anke", sagt sie lächelnd. „Schön, daß du mitgekommen bist." Ich erfahre, daß Anke sich uns anschließen möchte und uns eine Radtour zu den Wassermühlen über Bassenheim und nach Mülheim-Kärlich vorschlägt. All mein Unmut ist ob solch charmanter Begleitung sofort verflogen. Also sind wir jetzt komplett. Don Quixotte, sein Knappe Sancho Pansa und die schöne Dulcinea. Nur daß die Rollen ein bißchen vertauscht sind...

Cervantes hätte seine Freude

Etappe: Am Reitplatz vorbei, geradeaus dem asphaltierten Landwirtschaftsweg folgen - links durch die Straßenunterführung, sofort wieder links - an der Rechtskurve steil hinunter nach Rübenach; der asphaltierte Weg ist einem Feldweg gewichen, der teilweise einige Schlaglöcher aufweist, sehr uneben mit größeren Steinen, steil abwärts, für Räder mit schmalen Reifen tödlich! Daher sehr vorsichtig fahren - Überqueren der Eisenbahngleise, leichte Rechtskurve - Ortseingang Rübenach in die *Mühlenstr.* - links auf die *Aachener Str.* (B 258) Richtung Mayen.

Die letzte Etappe hat uns richtig durchgerüttelt. Das heißt, mehr meinen Freund und mich, denn Anke hat ein funkelnagelneues tolles rotes Mountainbike, das sie solche Wegstrecken mühelos überstehen läßt. Daneben se-

hen unsere beiden quietschenden und angerosteten Klappergestelle geradezu erbärmlich aus. Was soll's, mir bleibt für dererlei Gedanken keine Zeit, denn auf uns wenig geübte Radler kommt die nächste Herausforderung zu. Wir müssen Richtung Bassenheim. Die Straße ist zwar nicht steil, aber doch kontinuierlich ansteigend. Anke führt das Feld an, wir beiden Männer wollen nicht nachstehen, und so kommen wir ganz schön ins Schwitzen. Rings um uns herum eine angenehm zu betrachtende Agrar- und Waldlandschaft. Emsige Bauern pflügen mit ihren Traktoren die Äcker. Auf saftigen grünen Wiesen weiden dumm glotzende, schwarz-weiß gescheckte Kühe, die mit

Frau bringt uns ins Schwitzen

dem an ihnen vorbeiradelnden Dreigestirn offensichtlich wenig anzufangen wissen. Da, endlich, was sehe ich in der Ferne? Kann das sein? Eine Abfahrt? Tatsächlich, kurz vor Bassenheim haben wir den Gipfel der Steigung erreicht, und jetzt geht es in rasantem Spurt Richtung Ortseingang. Es macht riesigen Spaß, sich den Fahrtwind um die Ohren wehen zu lassen, trotzdem drosseln Max und ich das Tempo, denn unsere Räder sollen die Tour noch überleben. Anke ist schon nicht mehr zu sehen, wartet aber am Ortseingang von Bassenheim auf uns. Wir stoppen unsere rasende Fahrt. „Hier müssen wir rechts, auf der Straße am Bach entlang,“ weist uns Anke den Weg. Wir folgen Dulcinea fasziniert und ohne Widerspruch.

Etappe: Vor der Ortseinfahrt Bassenheim rechts in die *Bassenheimer Str.* (den Schildern folgen Richtung Mülheim-Kärlich) - Waldmühle.

Das darf nicht wahr sein: wieder eine Abfahrt! Diesmal nicht auf offener Höhe wie zuvor, sondern durch ein angenehm kühles und schattiges Tal, geschaffen von einem plätschernden Bach, der sich rechts von uns parallel zur Straße entlangschlängelt. Der einzige Nachteil: die Autos, die hier zwar nicht so häufig, aber dafür mit viel Speed an uns vorbeischießen. Trotzdem macht die Fahrt hinunter einen riesigen Spaß. Anke drosselt auf einmal das Tempo. „Laßt uns hier eine Pause machen,“ schlägt sie vor und weist auf ein links vor uns liegendes Gebäude. „Restaurant Waldmühle“ lese ich und bin sofort einverstanden. Ein kleiner Erfrischungstrunk kann nie schaden.

Abfahrt ins Tal der Mühlen

Wir bringen unsere Räder zum Stehen, überqueren vorsichtig die Straße und halten Einkehr in der „Waldmühle“. Wir finden schnell einen Platz in diesem gemütlichen Restaurant, dem noch ein landwirtschaftlicher Betrieb angeschlossen ist. Früher sorgte hier eine Was-

Rast in der „Waldmühle“

sermühle für Energie, aber diese Zeiten sind lange vorbei. Anke und Max tuscheln miteinander, während ich an meinem Radler schlürfe. Wahrscheinlich unterhalten sie sich über den gestrigen Discoabend. Ungefragt mische ich mich in die Vertrautheiten der beiden ein. „Wie alt bist du eigentlich?" frage ich nicht gerade höflich, dafür aber sehr laut meinen schwarzhaarigen Engel gegenüber. „19", säuselt sie mir lächelnd ins Gesicht. Max schaut mich böse und gleichzeitig flehentlich an. Nein, ich werde nicht verraten, daß er schon 32 ist. Andererseits, was so richtige patente Reiterhofmädchen sind, die stehen doch auf ältere Männer. „Willst du mal mein Tattoo sehen?" richtet sich plötzlich eine Frage an mich. Schon entblößt Anke ihre Schulter und weist mit dem Finger auf einen schwarzen kleinen Schmetterling, den sie sich auf den unteren Teil ihres linken Schlüsselbeins hat „eingravieren" lassen. Nein, ich will kein Tattoo sehen und auch sonst nichts. Stattdessen zahle ich und rufe zur Weiterfahrt auf. Max und Anke sind einverstanden. Sie haben sich gerade zum Abendessen verabredet. Ich wette, jetzt geht es so schnell wie möglich nach Hause.

Ein 19 Jahre altes Tattoo

Etappe: Fischteich St. Petri-Gesellschaft - Lucasmühle - Mülheim-Kärlich.

Wir wenden uns zunächst von der Waldmühle aus wieder links auf die *Bassenheimer Straße*. Dabei fällt mir der Spielplatz auf, der gegenüber der Waldmühle am Straßenrand im Wald eingerichtet worden ist. Eine Wippe, Klettergerüste, Bänke, eigentlich eine nette Idee. Nur ziemlich gefährlich, die Kinder hier direkt an der Straße allein spielen zu lassen. Kurz hinter der Waldmühle können wir endlich die Straße verlassen und biegen rechts in den asphaltierten Feldweg ein, der uns ein wenig von der Straße wegführt, um uns dann parallel zu ihr in Richtung Mülheim-Kärlich weiterzuführen. Eine schöne gepflegte Grünanlage, durch die wir jetzt fahren, bringt uns

Der Hecht im Karpfenteich

Fischteich im Park

an die Ufer eines Teiches, der sich im Besitz der St.-Petri-Gesellschaft befindet. Seltene Fische sind hier angesiedelt, wie man auf den Informationstafeln lesen kann: Äsche, Hecht oder Schreiber geben sich ein Stelldichein. Das Areal drumherum gleicht einem kleinen Kurpark und wird von einem Wegenetz mit Bänken zum Ausruhen durchzogen. Schön für eine gemütliche Radwanderung.

Wunderheiler in der Mühle

Kurz vor Mülheim-Kärlich müssen wir leider dies Gebiet verlassen und linkerhand zur Straße zurückkehren, der wir nach rechts folgen. Dann ein Schild: Lucasmühle! Vielleicht kann ich hier noch eine Wassermühle in Funktion erleben. Während die anderen warten, wage ich rechts einen Abstecher: Nein, in dem Gebäude der alten Wassermühle befindet sich eine Praxis für Naturheilverfahren. Nichts für mich, also umkehren.

Etappe: *Bassenheimer Str.* - Mülheim-Kärlich am *Kapellenplatz* rechts in die *Kapellenstr.* - geht in die *Koblenzer Str.* - *Weißenthurmer Str.* bis Bubenheim.

Mülheim-Kärlich, eigentlich zu Unrecht ausschließlich bekannt durch das sich hier befindliche Kernkraftwerk, überrascht durch einen ansehnlichen Ortskern. Der *Kapellenplatz* mit dem niedlichen weißen Rathaus und der schmucken angrenzenden Kapelle hinterläßt einen angenehmen Eindruck auf den Betrachter. Gleiches denke ich auch von Anke, die in ihrem schwarzen hautengen Fahrraddress auf ihrem roten Mountainbike einen aufregenden Kontrast zu den Gebäuden abgibt. Max funkelt mich an, erscheint Gedanken lesen zu können. Wir setzen die Fahrt Richtung Bubenheim fort. Als wir Mülheim-Kärlich verlassen, wird es noch einmal richtig anstrengend. Eine langgezogene Steilstrecke verlangt den Einsatz der letzten Kräfte. Vom Scheitelpunkt der Steigung an können wir uns dann auf der Straße wieder durch ein Agrargebiet rollen lassen. Auf einer rasanten kilometerlangen Abfahrt erreichen wir in voller Fahrt Bubenheim.

Rasant hinab nach Bubenheim

Etappe: *Malter Str.* - *Mayener Str.* - rechts auf die Europabrücke - den Radfahrerschildern und dem rot gekennzeichneten Radweg folgen über *Moselring* - *Römerstr.* - Hauptbahnhof.

Wir sind am Ziel. Ich habe einiges Neue und Interessante über meine Umgebung gelernt und gesehen. Obwohl die Tour streckenmäßig nicht allzu lang war, war sie doch sehr abwechslungsreich und hat uns einiges abverlangt. Max und ich müssen ziemlich fertig aussehen, denn Anke, die noch total fit ist, schüttelt sich vor Lachen. „Jetzt ruht euch erst mal aus, ihr traurigen Gestalten“, meint sie und zu Max: „Dann bis heut' abend!“ Und schon hat sie sich auf ihr Rad geschwungen und ist im Verkehrsgewimmel untergetaucht. Auch Max und ich fahren auf unseren ächzenden Drahteseln wieder nach Hause. „Grüß mir Dulcinea,“ rufe ich ihm noch nach, als wir uns trennen und denke dabei, daß es eigentlich umgekehrt sein müßte.

Sancho Pansa im Glück

Deutsche Radtourenkarte

Haupka

Titel	11,80	ISBN 3-88495
1/2	Nordfriesland/ Sylt	091-6
3	Holsteinische Schweiz	092-4
4	Wilhelms-hafen/Ost-friesl./Ostsee	093-2
5	Bremen-Cuxhaven	094-0
6	Hamburg/ Lübeck	095-9
7	Cloppenburg-Lingen	096-7
8	Lüneburger Heide-Stein-huder Meer	097-5
9	Südheide/ Celle-Hannover	098-3
10	Münsterland-Essen	099-1
11	Teutob. Wald/ Dortmund	100-9
12	Weserbergl./ Hildesheim	101-7
13	Harz/ Braunschweig/ Osterode	102-5
14	Köln-Aachen-Ruhrgebiet	103-3
15	Sauerland-Rothaargeb.	104-1
16	Knüllgebirge/ Kassel	105-X
17	Eifel-Mosel-Ahrtal	106-8
18	Westerwald-Taunus	107-6
19	Vogelsberg-Rhön	108-4
20	Haßberge Steigerwald	109-2
21	Frankenwald-Fichtelgebirge	110-6
22	Mosel-Nahe Saarland	111-4
23	Rund um Mannheim	112-2
24	Würzburg-Heilbronn	113-0
25	Rund um Nürnberg	114-9
26	Oberpfalz/ Bayerischer Wald-Nord	115-7
27	Nord-Schwarzwald	116-5
28	Schwäbische Alb/Stuttgart-Ulm	117-3
29	Donau-Lech/ Augsburg	118-1
30	Niederbayern/ Ingolstadt	119-X
31	Bayerischer Wald-Süd	120-3
32	Süd-Schwarzwald	121-1
33	Hohenzollern-Bodensee Ober-schwaben	122-X
34	Lechfeld-Allgäu	123-8
35	München-Salzburg	124-6
44	Mecklen-burger Bucht/ Rostock*	680-9
45	Ostsee-Rügen-Usedom*	681-7
46	Mecklenb. Seenplatte westl. Teil/ Schwerin*	682-5
47	Mecklenb. Seenplatte östl. Teil/ Uckermark Neubranden-burg*	682-5
48	Altmark-Prignitz-Havelland*	684-1
49	Berlin Märkische Schweiz Oderbruch*	685-X
50	Hoher Fläming/ Magdeburg*	686-8
51	Märkische Heide-Niederlausitz/ Cottbus*	687-6
52	Thüringer Wald-Thüring. Becken/Erfurt*	688-4
53	Vogtland/ Leipzig*	689-2
54	Erzgebirge/ Chemnitz*	690-6
55	Oberlausitz-Elbsandstein-geb./Dresden*	691-4
	Radkarten-halter	29,80

Sonderblätter

Titel		ISBN 3-88495
36	Rund um Hamburg	170-X
36	Rund um Bremen	170-X
38	Rund um Hannover	172-6
39	Rund um Ruhrgebiet	173-4
40	Rund um Köln/Bonn	174-2
41	Rund um Frankfurt	175-0
42	Rund um Stuttgart	176-9
43	Rund um München	177-7
44	Rund um Berlin*	692-2
45	Rund um Halle/Leipzig*	693-0

Erhältlich im deutschen Buchhandel

Ein Kartenwerk, das die Bundesrepublik im Maßstab 1:100 000 zeigt. Dargestellt sind für den Radfahrer wichtige Informationen wie z.B. Steigungs- und Höhenangaben, Verkehrsbelastung auf Straßen, Radfernwanderwege und mehr.

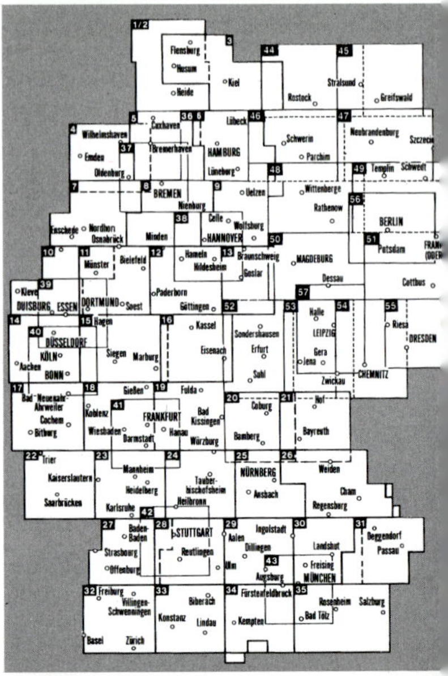

RHEINROMANTIK UND BURGEN

Zur Lahnmündung und nach Braubach

Strecke: Koblenz Bahnhof - Horchheimer Brücke - Maximilianswiesen - Lahnstein - Burg Lahneck - Hof Aspich - Braubach - Marksburg - Lahnstein - Koblenz

Länge: Insgesamt 38 Kilometer

Streckenbeschaffenheit: Bis Lahnstein eben, danach teilweise sehr anstrengende Steigungen.

Karte: Deutsche Radwanderkarte 18 (Westerwald/Taunus), Haupka Verlag, Bad Soden/Taunus.

Nahverkehr: DB Lahnstein/Braubach

Etappe: Koblenz Bahnhof - *Markenbildchenweg* - Richtung Rhein - *Januarisstraße* - Anleger Köln-Düsseldorfer - hier auch ein Biergarten und ein Restaurant (Rheinarkade) links geht es zum Deutschen Eck - wir halten uns entlang des Ufers nach rechts - Kaiserin-Augusta-Anlagen.

Allgegenwärtiger Gartenarchitekt

Nach wenigen hundert Metern erscheint auf der rechten Seite die Büste von Josef Lenné (1789 - 1866), Generaldirektor der Königlichen Gärten. Ich bin immer wieder erstaunt, wo dieser Mann überall tätig war. Schließlich begründet sich sein Ruhm hauptsächlich auf Arbeiten, die heute in den fünf neuen Bundesländern zu finden sind. Einen Blick sollte man aber auch auf die vielen schönen Häuser entlang des Ufers werfen, die sich bis zum Yachthafen ziehen. Und dann sind da

Bonsai-Mammutbäume

ja auch noch die Mammutbäume, die allerdings noch ein wenig wachsen müssen, bis sie diese Bezeichnung wirklich verdienen.

Etappe: Kaiserin-Augusta-Standbild - Tennisplätze - vor der Unterführung führt ein schmaler Weg hinauf auf die *Mozartstraße* (Schilder Rhens/Stolzenfels)- Mozartplatz - Universität - rechts in die *Schillerstraße*, eine Allee aus Ahornbäumen (wenn man der *Schillerstraße* bis zu ihrem Ende folgt, steht man direkt vor dem Rheinstadion, dem Koblenzer Fußballstadion, in dem schon fast traditionell der Fuji-Cup ausgetragen wird) - Ausschilderung Lahnstein - hinter der Bahnbrücke links hoch zur Horchheimer Brücke über den Rhein - schmaler Fahrradweg am Rand, rechts hoch, nichts für schwindelanfällige Leute - am anderen Ufer dann wieder der Ausschilderung Lahnstein nach rechts folgen - nach wenigen hundert Metern, hinter der Autobahnauffahrt, führt ein asphaltierter Radweg rechts hinunter zum Rheinufer.

Vor dem Fußballstadion

Auf halber Höhe befindet sich auf der linken Seite ein schöner Aussichtsplatz, der zu einem Picknick einlädt. Unter Bäumen kann man im Schatten sitzend den Blick auf den Koblenzer Stadtwald und den Funkturm, der sich darüber erhebt, genießen. Von hier bekommt man auch einen Eindruck, wie hoch der Stadtwald liegt (siehe Tour 2). Bei der Weiterfahrt sollte man, da der Radweg recht steil abfällt und der Fahrradweg entlang des Rheins nicht einsehbar ist, kräftig in die Bremsen greifen, um einen Zusammenstoß mit anderen Radlern oder Fußgängern zu vermeiden.

Eine schöne Aussicht

Etappe: Links am Rhein entlang, bis zum Hafen, der an dieser Stelle nicht unbedingt umfahren werden muß; aber da hier oft ein reges Treiben herrscht, bietet sich dies an (gegenüber liegt die Königsbacher Brauerei) - links hoch, sofort rechts in die *Didierstr.* (Industriegebiet) - bis zu einem Gebäude, das auf den

Moselmündung am Deutschen Eck

ersten Blick wie eine kleine Burg anmutet.

Es handelt sich aber keineswegs um einen Rittersitz, vielmehr wird hier der Deutschen liebstes Getränk, ein kräftiges Bier gebraut. Der Brauerei ist auch ein Restaurant mit Biergarten angeschlossen: die Maximilianswiesen. Ebenfalls ein idealer Platz für eine Verschnaufpause bei einer Limonade oder einem kühlen Bier. Mein Tip: Auf jeden Fall eine kleine Pause einlegen. Man sitzt gemütlich am Ufer des Rheins und schaut auf die vorüberfahrenden Schiffe, die den Rhein zu einer der meistbefahrenen Schiffahrtsstraßen Europas und damit zu einer Hauptverkehrsader machen.

Eine Rast im Biergarten

Etappe: Über die Maximilianswiesen (links an den Tischen vorbei) gelangen wir wieder an den Rhein und auf den asphaltierten Radweg, der alleenartig angelegt ist. Zwischen den Bäumen hindurch, begleitet vom Geräusch des Wassers, führt uns der Weg nach Lahnstein. Nach einiger Zeit ist bereits die Burg Stolzenfels zu erblicken, die sich auf der anderen Rheinseite gelbleuchtend vom grünen Wald abhebt (siehe Tour 8). Wir kommen erneut an eine Anlegestelle der KD, an der auch die Fähre

Eine Burg in leuchtendem Gelb

nach Stolzenfels anlegt, die fast stündlich verkehrt und auch einen Fahrradtransport anbietet. Das nennt man Service!

An der Lahnmündung

Danach sind es nur noch wenige Meter bis wir an die Ufer der Lahn stoßen, die an dieser Stelle in den Rhein mündet. Wir bleiben allerdings an der Lahn, der wir stromaufwärts folgen. Ich werfe schon einmal einen Blick auf das andere Ufer und erkenne die Burg Lahneck, das nächste Ziel, die mächtig auf einem Berg über der Stadt thront.

Doch zuerst geht es entlang der schön angelegten Uferpromenade. Kurze Zeit danach erregt eine bronzene Gestalt mit einer Art Schubkarre meine Aufmerksamkeit. Es handelt sich um den „Baademann". Die Bewohner des rechten Lahnufers hatten damals ein Problem. Und zwar gab es auf ihrer Seite so gut wie überhaupt kein frisches Quellwasser, sie mußten sich aus Brunnen bedienen, in denen das Grundwasser gesammelt wurde. Um das Brunnenwasser rein zu halten, nahmen die Bewohner dieser Lahnseite bereits im Mittelalter große Mühen auf sich: sie verzichteten auf Sickergruben, die das Grundwasser unweigerlich verunreinigt hätten. Stattdessen benutzten sie als Toilette die damals sogenannten „Baade". Ein Beitrag zum Umweltschutz schon lange vor unserer Zeit und bevor dieses Wort überhaupt bekannt war!

Umweltbewußtsein im Mittelalter

Wenn man auf der linken Lahnseite bleibt, und dem ausgeschilderten Radwanderweg folgt, kommt man unweigerlich nach Bad Ems und Nassau (siehe Tour 9). Ein kleiner Abstecher bis zum Wehr ist auf der rechten Lahnseite empfehlenswert. Danach geht es zurück und über die neue Lahnbrücke ins Zentrum der Stadt, in der der SPD-Fraktionsvorsitzende im deutschen Bundestag und SPD-Vize Rudolf Scharping zuhause ist.

Ein Besuch in Lahnstein

Etappe: *Brückenstraße* - Ausschilderung Polizei, Krankenhaus, Kulturzentrum, links in *Nordallee* - rechts in die *Wilhelmstraße* - schö-

1 Burg Lahneck
2 Hof Aspich
3 Marksburg
4 Burg Stolzenfels
Arzheim
Arzheimer Wald
Pfaffendorfer Höhe
Pfaffendorf
Horchheimer Wald
Bäderstraße
Liedchesberg
Horchheim
Niederlahnsteiner Stadtwald
Niederlahnstein
Hohenrhein
Allerheiligenberg
Mehrsberg
Auf Ahl
Am weißen Berg
Friedland
Weißmühle
Ahlerhof
Friedrichsseg
Süßgrund
Lahneck
LAHNSTEIN
Hs. Jungfried
Kurzentrum
Biebricherhof
Oberlahnstein
Hof Aspich
Ahlwegskopf
St. Martin
Schlierbach
Oberhohl
Hs. Halbtritz
Viktoriabrunnen
Rhenser Brunnen
Stiftung
Koppelstein
Im Einmuth
Königstuhl
Rhens
Unterste
Wolfsdelle
Neustadt
Braubach
Hof von Bissingen
Langackerberg
Brey
Hartenfels
Marksburg
Philippsburg
An der alten Burg
Tauberbach
Christkopf
Tillkopf
Breyer Wald
Siebenhorn
Niederspay
Spay
Jakobsberg
Rheingoldstraße
Ohlenberg

ne alte Backsteinbauten - links in die *Frühmesserstraße* - rechts *Oststraße* - ab jetzt erwartet uns ein langer und mühseliger Anstieg - *Burgweg* - *Rheinhöhenstraße*.

Und wieder eine Burg

Burg Lahneck ist von außen ein echt imposantes Bauwerk, trutzig steht es auf der engen Gipfelplattform. Viel Bewegungsfreiheit um die Burg herum hat man nicht. Aber das sollte wohl auch so sein, schließlich diente sie der Verteidigung. Und von hier oben kann man seinen Blick noch einmal über Lahn und Rhein schweifen lassen, nach dem Motto: Das haben wir uns verdient. Wer sich die Sache einmal von innen anschauen möchte, muß sich einer Führung anschließen. Auf eigene Faust ist eine Besichtigung leider nicht möglich.

Hoch über dem Rhein

Etappe: Weiter geht es über die *Rheinhöhenstraße*, ein weiterer Anstieg ist in Richtung Kurzentrum zu nehmen - Dorint-Hotel, damit haben wir auch die höchste Stelle erreicht - bis hier Radweg auf der linken Straßenseite - ab sofort geht es abschüssig weiter - Kurzentrum - rechts abbiegen in die Straße *Am Tennispark* (Ausschilderung Tennispark, Hof Aspich) - nach wenigen Metern radeln wir auf den Hof.

Eine verdiente Pause

Hof Aspich ist ein Restaurant mit Außengastronomie, das selbstgebrautes Bier anbietet: helles, dunkles und sogar Weizenbier. Und das hat man sich nach dem Anstieg auch wirklich verdient. Also erst einmal die Beine hochlegen und ausruhen. Denn die Weiterfahrt wird ebenfalls noch in die Beine gehen. In der Kulturscheune des Hofes finden regelmäßig Musikveranstaltungen statt, man kann sein Bier zu heißen Jazzrhythmen schlürfen. Außerdem hat man vom Biergarten einen sehr schönen Ausblick auf den umliegenden Wald.

Danach folgen wir erst einmal dem Weg zur Rheinhöhenstraße zurück. Rechterhand tut sich eine wunderschöne Landschaft auf, die herrliche Ausblicke über das Gebirge erlaubt. Aber das Schönste ist natürlich, daß man sich erst einmal rollen lassen kann. Auch das Fahren auf der Straße ist hier nicht sonderlich gefährlich, da die Rheinhöhenstraße zumindest in der Woche nicht stark befahren ist. Nach einiger Zeit heißt es dann aber doch wieder, in die Pedale zu treten: es geht erneut bergauf. Das bedeutet, daß ohne eine gewisse Übung und Kondition die Tour nicht gemacht werden sollte, da sie schon in „die Knochen geht".

At the Top End

Am Ende der Rheinhöhenstraße (links geht es nach Bad Ems) halten wir uns rechts nach Braubach, um nach wenigen Metern abermals rechts in einen befestigten Forstweg einzubiegen. Es besteht aber auch die Möglichkeit, auf der Straße zu bleiben und sich hinunterrollen zu lassen. Aber die Ausblicke, die sich auf dem Forstweg bieten, sind fast ein Muß für jeden Naturliebhaber. Insbesondere im Herbst, wenn sich die Wälder in allen erdenklichen bunten Farben kleiden, bietet sich dem Betrachter ein Naturschauspiel, das vielleicht nur mit dem „indian summer" der Staaten von Neuengland vergleichbar ist. Wir bleiben dabei auf den mit einem „R" gekennzeichneten Weg, der nach Braubach hinunterführt. Nur an einer Stelle ist die Kennzeichnung recht versteckt: und zwar muß man links einen steilen Abstieg nehmen. An dieser Stelle ist es anzuraten, aus dem Sattel zu steigen und seinen Drahtesel hinunterzuschieben, da die Strecke einerseits recht holprig ist und andererseits immer wieder quer verlaufende Abflußrinnen ein Hinunterrollen fast unmöglich machen, sofern man kein robustes Mountainbike besitzt. Nach zirka einem Kilometer kann man sich dann wieder auf den Sattel schwingen. Der Waldweg verwandelt sich in eine asphaltierte Straße, die direkt nach Braubach hineinläuft, einen kleinen romantischen, wenn auch etwas verschlafenen Ort mit verwinkelten Altstadtgassen.

Altweibersommer auf der Rheinhöhenstraße

Und über allem herrscht die Burg

Und über allem herrscht die Marksburg, die nach dem Evangelisten Markus benannt ist. Sie ist die einzige mittelalterliche Burg am Rhein, die niemals durch kriegerische Auseinandersetzungen zerstört wurde. Öffnungszei-

Ein imposanter Anblick: Burg Stolzenfels

Versuchte Entführung nach Japan

ten: ganzjährig ohne Ruhetag. Alle zwei Jahre, jeweils in der ungeraden Jahreszahl, findet von Christi Himmelfahrt bis zum folgenden Sonntag auf der Burg ein mittelalterliches Fest statt. Die Marksburg ist eine der schönsten erhaltenen Burgen am Rhein. Was übrigens auch einige Japaner fanden, die die Burg kaufen und abtragen wollten, um sie im Land der aufgehenden Sonne wieder aufzubauen. Gott sei Dank ist dies nicht geschehen, und die Japaner bestaunen in ihrer Heimat stattdessen eine Kopie der Burg. Da die Burg sehr hoch liegt, und wir schon einige anstrengende Anstiege hinter uns haben, empfiehlt es sich, sein Fahrrad im Ort anzuketten und mit öffentlichen Verkehrsmitteln den Berg zu nehmen.

Über die *Rathausstraße* und die *Friedrichstraße* gelangen wir zum Rhein. Leider ist es nicht möglich, direkt am Rhein entlangzufahren. Der Radwanderweg nach Lahnstein verläuft erst einmal parallel zur Autostraße, bis er sich später wieder dem Rheinufer nähert. Quasi zwangsläufig gelangen wir so zurück nach Lahnstein und an die Anlegestelle der Personenfähre, die uns samt unseres Rads nach Stolzenfels übersetzt. Auf der anderen

Stromseite folgen wir dem Radweg nach Koblenz. Bei Stromkilometer 587 liegen die Maximilianswiesen auf der gegenüberliegenden Seite. Wir kommen aber diesmal an der Königsbacher Brauerei vorbei, die ebenfalls in ihrem Biergarten zu einer erfrischenden und stärkenden Pause lädt.

Etappe: Mit der Straße *Rheinau* ist Koblenz erreicht. Ausschilderung Zentrum folgen. Entlang des Rheinufers - Beethovenplatz - *Beethovenstraße* - Mozartplatz - *Mozartstraße* - weiter wie bei der Hinfahrt - hinunter zum Yachthafen und zum Kaiserin-Augusta-Ufer und der Ausschilderung zum Bahnhof folgen.

ZU BÄCKERJUNGEN UND SCHLOSSHERRN

Eine Überraschungstour nach Andernach

Strecke: Bahnhof Koblenz - Balduinbrücke - Neuendorf - Kaltenengers - Weißenthurm - Andernach.

Länge: 48 km.

Streckenverlauf: eben.

Karte: Deutsche Radtourenkarte 18 (Westerwald/Taunus) und 17 (Eifel/Mosel/Ahrtal), Haupka-Verlag, Bad Soden/Taunus.

Nahverkehr: DB Andernach-Koblenz.

Anita erwacht

Zehn Uhr frühmorgens. DasTelefon läutet schon eine ganze Zeit. Endlich wird Anita wach. Ihre Hand tastet zum Telefonhörer neben ihrem Bett. „Hallo?" „Ja, auch hallo, hier ist Anne! Hast du schon mal aus dem Fenster gesehen, was heute für ein tolles Wetter ist? Komm, du Murmeltier, steh auf, und dann laß uns eine Radtour nach Andernach machen. Da soll echt was los sein." Nach Andernach? So früh am Morgen? Und dann noch mit dem Rad? „Bist du betrunken?" fragt Anita ungläubig. „Quatsch", entgegnet Anne, „raff dich auf, mal was neues zu unternehmen. Andernach ist eine schöne Stadt, mit vielen historischen Gebäuden und hübschen Geschäften." „Ach, ich weiß nicht", gähnt Anita in den Hörer, „ich bin noch zu müde". „Im übrigen soll man dort in den Straßencafés auch gutaussehende und interessante Männer treffen", fügt Anne noch schnell hinzu. Das hat gewirkt. Anita ist hellwach. „Ich komme mit. Treffen wir uns in einer halben Stunde am Hauptbahnhof?"

Etappe: Koblenz Hbf - Balduinbrücke - *Brender Weg* - rechts in die *Gartenstr.* - links *Neuendorferstr.* - Richtung Sportplatz rechts in den *Schartwiesenweg* (Schilder Sportplatz und grünen Schildern Radweg Andernach folgen) - in einer scharfen Linkskurve am Sportplatz vorbei, rechterhand das Wasser- und Schiffahrtsamt des Bundes - geradeaus auf den Rhein zu zur Straße *Am Ufer.*

TOUR 6 Andernach

Anita ist ganz aufgeregt. Immer wieder fragt sie ihre ältere Freundin, wie lange es denn noch bis nach Andernach dauert. Doch da muß sie sich noch gedulden. Zunächst einmal begleitet die beiden attraktiven Frauen nach der Überquerung der Balduinbrücke auf ihrer Fahrt bis zur Moselmündung auf der rechten Seite das ehrfurchtgebietende Panorama der Festung Ehrenbreitstein und des Kaiser-Wilhelm-Denkmals (siehe Tour 1). Mit der Sonne im Rücken macht das Monument des Kaisers einen dunkel-bedrohlichen Eindruck auf die Betrachterinnen. Nein, solche Männer wollen sie heute nicht kennenlernen. Unbeeindruckt sind die beiden Frauen auch von den Sport- und Spielplätzen, an denen sie am Rheinufer in Höhe von Neuendorf entlangradeln. Daß hier mit dem TuS Neuendorf ein Koblenzer Traditionsverein Fußballgeschichte geschrieben hat, wissen sie nicht. Wären sie mit Kindern unterwegs, hätten sie zumindest die beiden großen Spielplätze auf den Rheinwiesen gewürdigt, die kurz hintereinander angelegt worden sind. Für Kinder ein idealer Tummelplatz in phantastischer Umgebung. Zur Linken erstrecken sich beschauliche Schrebergärten eine Zeitlang am Wegesrand. Unsere beiden Heldinnen aber streben zügig weiter voran, ohne sich darum zu kümmern, was links und rechts um sie herum vorgeht.

Zwei Frauen auf Tour

Schrebergärten und Spielplätze

Etappe: Am Containerhafen scharf links auf die *Fritz-Ludwig-Str.* - rechts in die *Hans-Richter-Str.* (Radweg parallel zur Straße) - an der nächsten Kreuzung wieder rechts den Schildern des Radweges folgen - links *Kurfürst-Schönborn-Str.* - am Ende der Industrieanlagen führt rechts ein kleiner Weg zum Rhein hinunter - dann links am Rheinufer entlang - Kesselheim - Kaltenengers.

Unsere beiden ehrgeizigen Protagonistinnen passieren Kesselheim. Hübsche rot-braun-weiße Fachwerkhäuser strahlen mit der Sonne um die Wette, so als wollten sie mit den beiden Frauen in einem Schönheitswettbewerb konkurrieren.

TOUR 6
Andernach

Wenig später ist auch schon Kaltenengers erreicht. Auf der linken Seite passieren Anita und Anne das Gelände des Freizeitreitervereins Kaltenengers. Jedes Wochenende ist hier Ponyreiten angesagt, jeder kann mitmachen, besonders interessant für kleine Mädchen mit zukünftigen Reitambitionen. Nebenher werden ein Imbiß und kalte Getränke gereicht.

Etappe: Vom Radweg am Rhein weg - *Auf der Obermark - Rheinuferstr.* - geht über in einen landwirtschaftlichen Weg/Radweg durch Felder - kurz vor der Eisenbahnbrücke darauf achten, daß der Radweg an der Rampe zum Rhein hinunter weitergeht.

Kurz dahinter befindet sich auf der linken Seite auf der Wiese buntbeflaggt die „St. Georg", ein alter Fischersegelkahn und heute eine Art Museumsschiff. Der Kutter verlockt geradezu dazu, auf ihm herumzuklettern, aber: „Betreten des Grundstücks [sic!] verboten!" warnt ein Hinweisschild Unbefugte.

Museumsschiff und Kernkraftwerk

Am Horizont droht den beiden Radlerinnen übermächtig wie ein Ungeheuer aus einem Monsterfilm der Kühlturm des Kernkraftwerkes Mülheim-Kärlich. Das ändert nichts daran, daß es sich auf dem Radweg am Rhein sehr bequem und mühelos radfahren läßt. So kommt das Kernkraftwerk rasch näher. Paradox: in Höhe des Kühlturms ist der Radwanderweg parkähnlich und besonders breit und großzügig angelegt, so daß es großen Spaß macht,

hier entlangzuradeln. Alles ist so ordentlich und gepflegt angelegt, als wolle man damit von der radioaktiven Bedrohung durch das Kernkraftwerk ablenken. Danach mündet der Radweg wieder in eine Autostraße, die an einem Sportplatz vorbeiführt. Kurz dahinter fahren die beiden flotten Frauen an einem alten grünen Verladekran vorbei, der einen vereinsamten Eindruck macht. Beiderseits des Rheins bestimmen Fabriken die Szenerie. Landschaftlich zwar eher häßlich, ist diese kurze Teilstrecke zumindest gut befahrbar.

Etappe: kurz vor der Brücke Radweg am Rhein entlang - Unterqueren der Autobrücke nach Neuwied - Weißenthurm - am Rhein entlang bis zu den Industrieanlagen der Firma Rasselstein - dem gelb-schwarzen Radwegeschild folgen - links Richtung Stadtmitte durch das Werksgelände - der Straße folgen, scharfe Rechtskurve, dann wieder gerdeaus bis zu den Krananlagen der Stadtwerke Andernach - von hier weisen Schilder den Fahrradweg Richtung Bonn nach links - Radweg jetzt parallel zur Straße - nach wenigen hundert Metern stoßen wir auf die Hauptverkehrsstraße.

Durch das Industriegebiet zu fahren, macht nicht soviel Spaß. Das merken unsere beiden Damen schnell. Da wird viel Staub aufgewirbelt, und der bekommt dem Make-up gar nicht. Als Anne und Anita endlich die Fabrikgebäude und die an ihnen vorbeidonnernden Lkw hinter sich gelassen haben, wird erst einmal auf einer Bank ein Päuschen eingelegt. Die Handtaschen werden geöffnet und die obligatorischen Schminkutensilien hervorgekramt. In den Taschenspiegel geschaut, da noch etwas Rouge, hier noch ein bißchen Wimperntusche, wer schön sein will, muß leiden. Anita und Anne sind mit sich zufrieden. Andernach kann kommen.

Etappe: Rechts auf die *Koblenzer Str.* (L121) - links in die *Hochstraße* - Fußgängerzone.

Antunnacum wird erobert

Und Andernach kommt. Immerhin kann die Stadt auf 2000 Jahre Stadtgeschichte zurückblicken. Man vermutet, daß mit Beginn der Germanienoffensive des römischen Feldherrn Drusus im Jahre 12 v. Chr. die Grundsteinlegung der Siedlung Antunnacum, eben des heutigen Andernach, erfolgte. Lange Zeit war Andernach aufgrund seiner Lage als wichtiger Rheinübergang umkämpfter Besitz. Seine Blütezeit aber erlebte es im Mittelalter. Davon zeugen eindrucksvoll noch viele erhaltene Bauwerke innerhalb des Stadtbildes. So auch die erzbischöfliche Burg und die Stadtmauern, an denen die beiden hoffnungsvollen Ausflüglerinnen jetzt vorbeifahren. Anne hat sich einen

Stadtplan besorgt, um zielstrebig zur Fußgängerzone vorzudringen. So fahren die beiden durch das um 1450 errichtete schöne Koblenzer Tor in die *Hochstraße*, ohne die mittelalterlichen Befestigungsanlagen zu würdigen. Die Burg war lange Zeit die südlichste Festung des Kölner Erzbistums. Der Hauptturm entstand in einer ersten Bauphase um 1370, Obergeschoß und Erker kamen um 1500 dazu. Direkt an den Hauptturm angeschlossen ist die doppelstöckige Wand des Palas. Mehr blieb von der Burg nicht übrig, nachdem die Franzosen 1689 die Festung in die Luft gejagt hatten. Am anderen Ende der Palaswand befindet sich der von Erzbischof Hermann von Wied 1519 errichtete Pulverturm, der mit Kanonen geradezu gespickt gewesen sein muß. Heute gibt er

Eine erzbischöfliche Festung

Stadtmauer in Andernach

sich friedlich, und kein Besucher muß damit rechnen, eine Kanonenkugel abzubekommen.

Durch die *Hochstraße* gelangen unsere beiden Frauen in die Fußgängerzone der Stadt und ins Zentrum. In der *Rheinstraße*, so hat Anne gehört, soll richtig was „gebacken" sein. „Hier lies mal", Anne zeigt Anita einen Prospekt, „Andernach, die Stadt der Bäckerjungen!" „Nichts gegen Bäcker, aber einen Bäckerjun-

Nichts gegen Bäckerjungen

Endlich in der Fußgängerzone!

gen möchte ich nicht haben, die müssen immer so früh aufstehen", wehrt Anita ab. „Ich hoffe, wir finden hier was besonderes." Das Angebot an schicken Cafés und gemütlichen Restaurants und Kneipen ist überreichlich, und fast überall kann man auch draußen sitzen. Vorzüglich restaurierte Fachwerkhäuser verleihen der Stadt ein besonderes Flair. Anne und Anita nehmen auf der Terrasse eines sehr gepflegten Cafés Platz und bestellen einen Cappuccino. Der Kellnerin fallen die beiden elegant gekleideten Frauen mit ihren Fahrrädern sofort auf. „Sie sind Touristinnen?" fragt sie höflich. „So kann man es nennen", antwortet Anita ungeduldig, denn bis jetzt hat sich noch kein Mann gezeigt, der für sie in die engere Auswahl hätte kommen können. „Haben Sie sich denn auch schon die Burg Namedy angeschaut? Die müssen Sie unbedingt sehen. Die gehört einem richtigen Schloßherrn, dem Prinzen von Hohenzollern." Anita fällt beinahe die Kaffeetasse aus der Hand. Ein Prinz! „Da müssen wir hin!" ruft sie, und augenblicklich brechen die beiden Frauen auf.

Auf zum Prinz!

Etappe: *Rheinstr.* - Rheintor.

Am Rheintor, das aus dem 12. Jahrhundert stammt und zur unteren Stadtbefestigung gehörte, entdeckt Anne zwei alte Steinfiguren: „Schon wieder die Bäckerjungen", stöhnt Anita und tritt kräftig in die Pedale. In der Tat, diese beiden frühromanischen Steinskulpturen werden im Volksmund „Bäckerjungen" genannt. Was es mit ihnen auf sich hat, weiß die Sage zu berichten. Diese entstand zu der Zeit, als Andernach das Recht zur Erhebung des Rheinzolls zurückerhielt. Die Andernacher hatten nämlich Kaiser Friedrich III. 1475 bei einer kriegerischen Auseinandersetzung geholfen und bekamen als Entschädigung für ihre gefallenen Soldaten den Rheinzoll zurück, den sie 1357 an Linz hatten abtreten müssen. Folgendes soll sich dann ereignet haben:

Die Linzer kommen in der Nacht

Die Linzer wollten wegen der Rück-

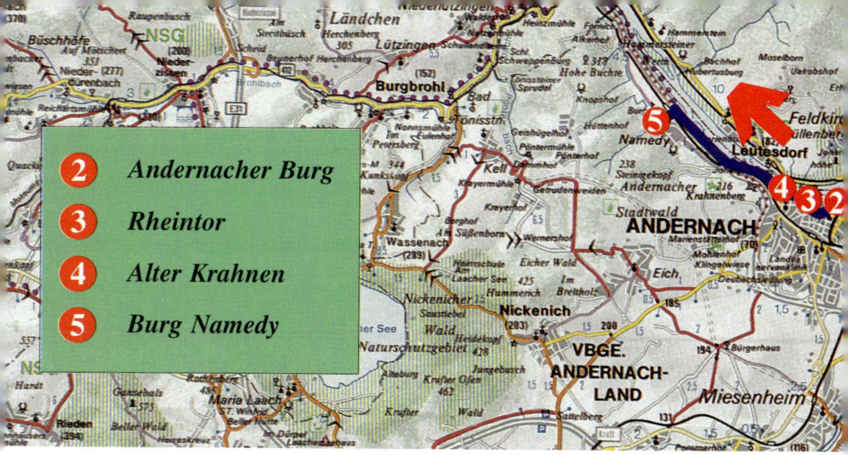

verlegung des Rheinzolls einen Rachezug gegen die Andernacher unternehmen. Da die Andernacher dafür bekannt waren, lange und gerne zu feiern und dementsprechend auch lange und gerne zu schlafen, planten die Linzer eines Tages kurz vor Morgengrauen einen Überfall auf die Stadt. Die Andernacher wußten natürlich von alldem nichts und - schliefen. Auch der Nachtwächter hatte nichts besseres zu tun, als im Rheintor nicht etwa seinen Dienst zu versehen, sondern lautstark zu schnarchen. Da er sich tagsüber als Imker betätigte, standen seine Bienenkörbe aufgereiht neben dem Tor auf der Stadtmauer. Zwei Andernacher Bäckerjungen, die als einzige in der Stadt zu dieser Zeit wach waren, dieweil sie Brötchen austrugen, planten, dem Schläfer einen Streich zu spielen. Seine Bienen wollten sie fliegen lassen, da würde Freund Nachtwächter am nächsten Tag dumm aus der Wäsche gucken. Schon waren sie im Begriff, die Körbe umzukippen, da hörten sie vor den Mauern Waffengeklirr und Stiefelschritte. Sofort erkannten sie, daß die Linzer vor der Stadtmauer standen. Zum Läuten der Sturmglocken und zum Wecken der Bürgerwehr war es zu spät. Geistesgegenwärtig warfen die beiden Bäckerjungen in ihrer Not sämtliche Bienenkörbe auf den angreifenden Feind. Die Bienen, überrascht und erzürnt ob solcher plötzlichen Unbill, stachen wie wild um sich. Je mehr die Linzer um sich schlugen, umso agressiver stachen

Die Bäckerjungen schlagen zu

Die Bienen retten Andernach

die Bienen zu. Vor Schmerz und Panik laut schreiend, suchten die Linzer das Weite, und der Nachtwächter und die inzwischen wachgewordenen Bürger brauchten nicht mehr einzugreifen. Die Andernacher aber bedankten sich bei ihren Rettern, in dem sie die Steinskulpturen am Rheintor anbringen ließen. Alle drei Jahre findet am ersten Juli-Wochenende das „Bäckerjungen-Fest" statt mit historischem Festzug und Stadtfest.

Etappe: Links auf die *Konrad-Adenauer-Allee* - an dem häßlichen Gebäude einer Malzfabrik rechts erneut auf den Radweg parallel zum Rhein.

Die Andernacher Rheinpromenade ist eine hübsche und sehr ansprechende Anlage. Viele gelb-, rot- oder blaugefärbte Bänke umgeben von Grünflächen mit einer Vielzahl bunter Blumen laden zum Verweilen ein. Ebenso bieten sich eine Reihe von Gaststätten für eine Erholungspause an mit einem schönen Blick auf den Rhein und die schmucken weißen Schiffe, die hier Rundfahrten anbieten. Anita und Anne treibt es voran, viele Passanten bleiben stehen und sehen ihnen staunend nach. Klar, zwei edel in schwarz gekleidete, gutaussehende Frauen auf dem Rad, die eine strohblond, die andere schwarzhaarig, das hat was.

Zwei edle Frauen am Rhein

Etappe: Alter Krahnen - hier links den Schilder Radweg Brohl folgen - eine Treppe hinauf - Überqueren der Straße - auf der anderen Seite linkerhand den Radwegeschildern folgen - einen schlüpfrigen Kopfsteinpflasterweg hinauf - Unterqueren der Bundesbahn - in einem Rechts-Links-Schwenk auf den Radweg parallel zur Bundesbahn - unterhalb der Autobahnbrücke (B9) Einfahrt nach Namedy.

Der Alte Krahnen aus dem 16. Jahrhundert steht mit seinem Lastarm am Rheinufer wie ein Fossil aus vergangener Zeit. Unwillkürlich fühlt man sich bei seinem Anblick in die Zeit der Bäckerjungen zurückversetzt. Auch wenn das nicht so ganz stimmen kann, denn erbaut wurde der drehbare Rheinkran in den Jahren 1554-61; er bezeugt den regen Handel, den die Andernacher Bürger damals betrieben. Um den Kran herum findet man noch Mühlsteine, die wie von Riesenhand geschleudert auf der Wiese liegen und neben vielen anderen Gütern damals hier verladen wurden. Bis 1911 war der Kran noch in Betrieb. Interessant: Bewegt wur-

Der Alte Krahnen - etwas für Fußballspieler

Alter Krahnen am Rhein

Burg Namedy

de der Kran durch zwei Laufräder im Innern, die aber nicht von Motoren angetrieben wurden, sondern - von Menschen! Vielleicht ein Vorschlag für ein Konditionstraining für unsere hochbezahlten und verwöhnten Fußballstars. Anita und Anne passieren den Kran, ohne ihn überhaupt zu bemerken.

Der Radweg oberhalb der Bahn gefällt ihnen nicht, obwohl er gut befahrbar ist. Erstens trifft man hier kaum Leute, zweitens ist der Lärm der vorbeifahrenden Züge unangenehm, drittens ist der Streckenabschnitt bis auf den Blick auf die Höhenzüge des gegenüberliegenden Rheinufers nicht sonderlich schön. So sind die beiden denn froh, als sie den Ortseingang von Namedy erreichen.

Etappe: *Hauptstr.* - links in die *Schloßstr.* - Burg Namedy.

Die Fahrt führt sie durch eine ruhige Wohngegend mit vielen gepflegten und anspruchsvollen Einfamilienhäusern. Das sieht doch schon ganz gut aus, denken sich die zwei. Und da liegt endlich die Burg vor ihnen. Schon wollen Anita und Anne in den Schloßhof hineinfahren, da müssen sie ein Schild lesen: Autos und Fahrräder müssen draußen bleiben. Also stellen sie ihre Räder ab und gehen erwartungsvoll über den Schotterweg über eine schöne Allee durch die Vorburg in den inneren Burghof. Die Burg mit ihren nachträglich angelegten glockenförmigen barocken Haubentürmen wirkt verträumt und mit ihrer architektonischen Verspieltheit ein bißchen wie ein Produkt des späten 19. Jahrhunderts. Tatsächlich erfuhr die Burg während dieser Zeit noch einmal grundlegende Umbauten. Ihre Grundsteinlegung erfolgte allerdings viel früher, nämlich Mitte des 14. Jahrhunderts. Nach wechselvollen Eigentumsverhältnissen sind heute Prinz Godehard und Prinzessin Heide von Hohenzollern die Besitzer. Regelmäßig finden in der Burg öffentliche Konzerte und kulturelle Veranstaltungen statt; auch für Feierlichkeiten wie Hochzeit, Geburtstag oder Firmenjubiläen, aber auch für Seminare und Tagungen können die Räumlichkeiten der Burg gemietet werden. Dafür wurden extra Gästezimmer angebaut. Dazu gehört natürlich auch ein Führungsprogramm (Informationen unter Tel. 02632-48625 direkt bei Burg Namedy). Von sponta-

Burg Namedy hat's in sich

Der Prinz läßt auf sich warten

TOUR 6 Andernach

nen Ausflüglern ist die Burg nicht zu besichtigen. Das müssen auch unsere beiden Frauen feststellen. Nachdem sie über eine Stunde auf dem Schloßhof auf- und abgeschlendert sind, kehren sie enttäuscht zu ihren Rädern zurück. Keinen Prinzen getroffen, also zurück nach Andernach.

Neben den kulturellen Sehenswürdigkeiten der Stadt befindet sich in Andernach noch die Landesnervenklinik für psychisch Kranke. Auch davon wissen unsere beiden enttäuschten Radfahrerinnen nichts. Zurück im Zentrum, lassen sie den Runden Turm unbeachtet. Dieser ist mit 55 Metern Höhe der höchste in Andernach, und von seinem Wehrgang hat man einen schönen Blick auf die Dächer der Stadt und den Rhein. 1453 vollendet, versuchten die Franzosen 1689 vergeblich, ihn zu sprengen. Eben ein Andernacher Dickkopf.

In der Fußgängerzone sehen unsere beiden Suchenden endlich zwei schick gekleidete, offensichtlich begüterte attraktive junge Männer an einem der Cafétische sitzen und steuern sofort darauf zu. „Dürfen wir Platz nehmen?“, fragt Anita lächelnd. „Bitte sehr“, ist die höfliche Antwort. Sofort entspinnt sich zwischen den vieren ein reges Gespräch. Anne und vor allem Anita sind begeistert. Tolle Männer. Mit denen muß man sich für heute Abend verabreden. „Treffen wir uns heute abend zum Essen?“ fragt denn Anita auch gleich erwartungsvoll. „Tut uns leid“, ist da die Antwort, „wir müssen leider zurück in die Anstalt.“ So ein Pech.

Dumm gelaufen!

Etappe: über *Rheinstr.* - rechts *Konrad-Adenauer-Allee* - rechts *Hindenburgwall* - links *Koblenzer Str.* - auf dem gleichen Weg wie bei der Hinfahrt zurück nach Koblenz. Alternative: DB zurück nach Koblenz.

ZU GROSSEN UND KLEINEN TIEREN

Ein Besuch in Neuwied, seinem Schloß und seinem Tierpark

Strecke: Koblenz - Neuendorf - Urmitz - Weißenthurm - Neuwied - Engers - Weis - Zoo Neuwied - Sayn - Bendorf - Vallendar - Koblenz.

Länge: insgesamt 56 Kilometer; bis zum Zoo Neuwied 41 Kilometer.

Streckenverlauf: da der größte Streckenteil entlang des Rheins führt, bleibt es eben. Nur zum Zoo ist ein Anstieg zu bewältigen.

Karte: Haupka-Verlag Deutsche Radwanderkarte 18 (Westerwald/Taunus), Haupka Verlag, Bad Soden/Taunus.

Nahverkehr: DB von Koblenz nach Weißenthurm oder Neuwied.

Etappe: Bahnhof - *Markenbildchenweg* - Rheinufer, Anlegestelle KD, links halten - auf dem Radweg Richtung Zentrum - Rhein-Mosel-Halle - Wein- /und Bierdorf: hier herrscht die allseits bekannte typische Weinseligkeit, wie man sie aus den Weinorten entlang der Mosel kennt. Die Leute werden in Bussen angekarrt, um bei lustiger Volksmusik ihren Schoppen zu trinken - Koblenzer Schloß.

Schon entlang der Rheinpromenade, oftmals im Schatten der Ahornbäume, lohnt es sich, den ein oder anderen Stopp einzulegen, um die hier aufgestellten Skulpturen etwas näher zu betrachten. Außerdem hat man von hier einen schönen Blick auf die Festung Ehrenbreitstein auf der gegenüberliegenden Rheinseite. Vorbei an den Schiffsanlegestellen erreichen wir das Deutsche Eck mit hoch oben thronendem Kaiser Wilhelm I. Das Denkmal wird halb umrundet und es geht am Ufer der Mosel weiter. Wir hoppeln einige Meter über Kopfsteinpflaster und kommen an das Peter-Altmeier-Ufer. Ab hier folgen wir der Ausschilderung nach Andernach bis zur Staustufe. Wir benutzen diese Gelegenheit, um die Mosel zu überqueren: Das Rad muß hinübergeschoben werden. Und wieder rückt das ockergelbe Ehrenbreitstein in unseren Blick.

Ans Rheinufer

Etappe: Am anderen Moselufer halten wir rechts auf die Mündung der Mosel in den Rhein zu. Das Ende des Radweges bringt uns in die *Hafenstr.* und weiter in die *Neuendorfstr.* - Ausschilderung Schiffahrtsamt - *Schartwiesenweg* rechts - kommen auf einen asphaltierten Weg entlang des Rheins.

Während auf unserer Seite die Landschaft flach an den Rhein herantritt, ragen auf der anderen Rheinseite die Berge steil auf und treten dicht an das Ufer heran. Zwischen den meist bewaldeten Bergen leuchten blanke Felsstücke im Sonnenlicht. Kurz vor den nächsten Häusern passieren wir den Trainingsplatz des ehemals so glorreichen TuS Neuendorf, früher einmal das sportliche Aushängeschild des Koblenzer Fußballs. Wir erreichen die kleinen Häuser, die - im Sommer sicherlich recht romantisch - nahe ans Ufer gebaut wurden. Allerdings möchte ich nicht unbedingt hier wohnen, da die Häuser wohl äußerst hochwassergefährdet sind und die Keller und Wohnungen schnell vollaufen. Und damit nicht genug, heißt es doch, hat sich der Rhein wieder in sein Bett zurückgezogen, zentimeterdicken modrigen übelstinkenden Schlamm zu schippen. Wahrlich keine angenehme Angelegenheit für die Anwohner.

Erinnerungen an TuS Neuendorf

Vermodert und faul zu stinken beginnt es aber auch auf unserer Weiterfahrt. Ein sicheres Indiz dafür, daß wir den Hafen erreicht haben, der umfahren werden muß. Am Beton-

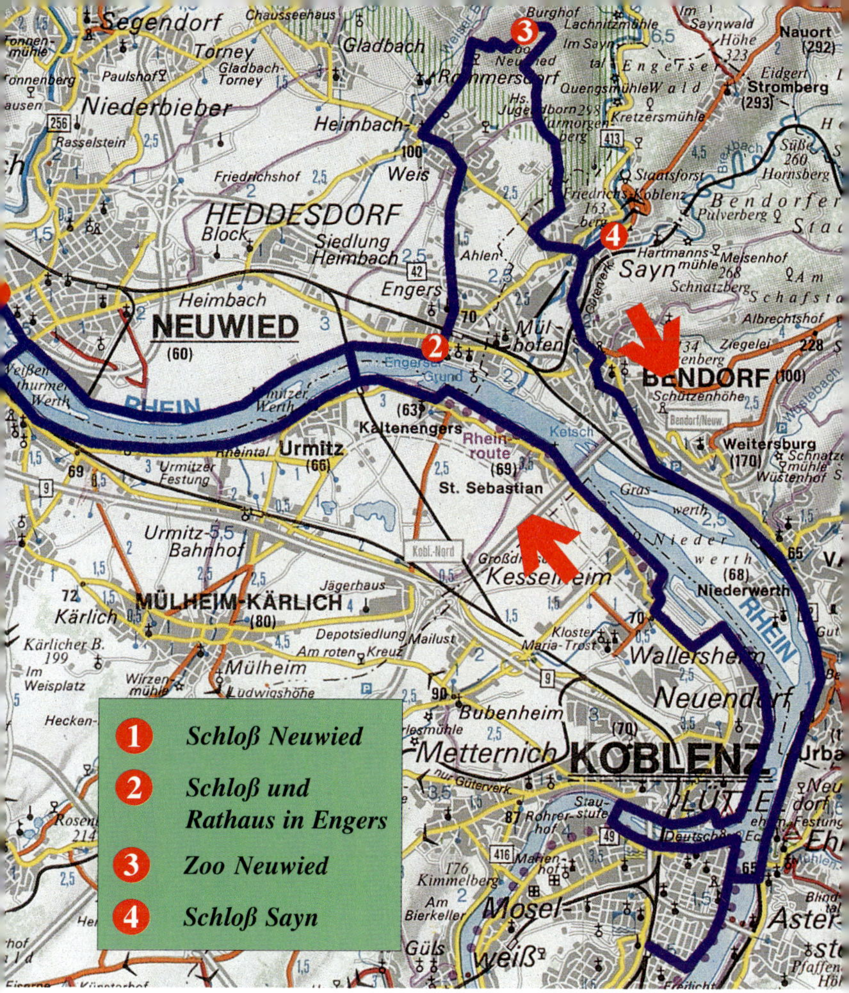

klotz der RWZ Raiffeisen verlassen wir den Rhein und folgen wieder einmal der Ausschilderung nach Andernach und Kesselheim.

Etappe: Umfahren des Industriegebietes - Hauptverkehrsstr. rechts - Hafengebiet - am Ende der Hauptverkehrsstr. wieder rechts zum Radweg am Rheinufer - Kesselheim.

Einkehren in Kesselheim

In Kesselheim braucht nun wirklich niemand zu befürchten, auf dieser Tour verdursten oder verhungern zu müssen: direkt am Rheinufer wechseln die Einkehrmöglichkeiten und Biergärten einander ab.

Nur zwei Kilometer weiter erreichen wir die

Das Schloß Neuwied

TOUR 7 Neuwied

Brücke nach Bendorf. Und dann kommt erstmals jenes Ungetüm in Sicht, das seit Jahren für politischen und juristischen Streit sorgt: das Atomkraftwerk Mülheim-Kärlich. Sein Kühlturm wird sich im weiteren Verlauf unserer Tour immer größer vor uns aufbauen. Wir steuern weiter auf die Eisenbahnbrücke über den Rhein zu (hier: Wer den Zoo direkt, und nicht über Neuwied anfahren möchte, muß an dieser Stelle die Brücke überqueren). Kurz vor Urmitz kommen wir in eine Grünanlage, die als besondere Attraktion ein Schiff mit bunten Wimpeln und Flaggen bereithält. Wer einmal, zumindest in seinen Träumen, die sieben Weltmeere befahren möchte, hat hier in seiner Phantasie die Gelegenheit dazu.

Durch schöne Grünanlagen

Etappe: Kühlturm des Atomkraftwerkes von Mülheim-Kärlich - Brücke kommt in Sicht - Weißenturm - zirka 500 m vor der Brücke den Rhein verlassen, links hoch in die *Bahnhofstr.*/Bahnhof - Fahrrad wird auf die Brücke hochgeschoben, und dann überqueren wir den Rhein. Rechts hoch. Am anderen Ende der Brücke geht es in zwei Kreisen hinunter zum Radweg/Neuwied - rechts entlang des Hochwasserschutzdeiches - oben liegen die Altstadt und das Einkaufszentrum.

Am Ende des Deiches stoßen wir auf das Schloß Neuwied, dessen Hauptgebäude in der Zeit von 1707-12 erbaut wurde, während die Seitengebäude erst 1756 fertiggestellt wurden. Am Eingang empfangen uns die üblichen Utensilien, nämlich Kanonen und die dazugehörigen Kugeln, die zu einem kleinen Turm aufgebaut sind. Lohnenswert ist auch ein kleiner Streifzug durch den Schloßpark.

Kanonen und Kugeln

Etappe: *Schloßstr.* (Einbahnstr., daher kurz schieben) - *Engerser Str.* - durch Neuwied hindurch zur Rheinbrücke - an der Rheinbrücke auf den Radweg/Rheindeich - Hafen umfahren - auf den *Sandkauler Weg* Richtung Engers - in die Sackgasse hinein, die für Radfahrer freigegeben ist - kommen so wieder an den Rhein - Radweg nach Engers.

Auf dieser Rheinseite ziehen sich die Wiesen und Felder bis an das Ufer des Flusses, und im Hintergrund erhebt sich das Gebirge, in das wir noch einen guten Teil hinauffahren müssen. Nach einiger Zeit kommen wir an die Eisenbahnbrücke, die die beschriebene Abkürzung zum Zoo und unseren Streckenverlauf wieder vereint. Wir bleiben auf dem ausgeschilderten Radweg nach Engers. In Engers folgen wir dem Weg entlang der Rheinpromenade bis zum ehemaligen Schloß, das aber als solches nicht unbedingt auf den ersten Blick auszumachen ist. Es handelt sich um ein großes rötliches Gebäude, das uns die Rückfront zuwendet. Den Eingang erreichen wir links über die Straße *Am Heinrichhaus*. Das ehemalige Lustschloß ist im Spätbarockstil erbaut. Heute ist hier ein Krankenhaus, das Heinrichhaus, untergebracht. Etwas versetzt daneben befindet sich das alte Rathaus von 1642. Es muß sich also um den alten Ortskern von Engers handeln, der noch recht gut erhalten ist.

In Engers

Ein Krankenhaus im Schloß

Etappe: *Alte Schloßstr.* - geradeaus *Alleestr.* - erst am Ortsende wieder Radweg - Autobahnbrücke - Ausschilderung Heimbach-Weis/Zoo - *Engerser Str.* - alternativ, falls man nicht durch die Einbahnstraße möchte: *Hilgaustr.* - links in die *Sayner Str.* - rechts in die *Waldstr.* zum Zoo.

Endlich am Zoo!

Jetzt wird es richtig steil! Das heißt, wir müssen kräftig in die Pedale steigen. Wir kommen in eine schöne Wohngegend mit offensichtlich wohlhabenden Anwohnern. Schmucke Einfamilienhäuschen säumen den Weg. Am Ende der Straße, wir fahren auf den Eingang geradewegs zu, liegt der Zoo, der größtenteils einheimischen Tieren ein neues Zuhause gibt. (Öffnungszeiten April - Okt. 9 -18 Uhr, Nov. - März: 9-17 Uhr; Eintritt: 9 DM Erwachsene, Kinder 4 DM)

Spaß für die ganze Familie: der Zoo in Neuwied

Tip: Jeder, der noch einen Aufenthalt im Tierpark geplant hat, sollte die angegebene kürzere Wegstrecke nehmen. Schließlich muß man noch durch den Zoo laufen. Und wer mit kleineren Kindern unterwegs ist, sollte den gleichen Weg zurückfahren. Der weitere Verlauf der Strecke ist für Kinder nicht ungefährlich.

Etappe: *Engersbach* (Abfahrt in alle Richtungen) - es geht bergab und man kann sich bequem rollen lassen - *Sayner Str.* links bis zu ihrem Ende - *Engerser Str.* links, sofort rechts und wieder links in die *Schloßstr.* - Burg Sayn, April bis Ende Oktober geöffnet - steiler Anstieg - beeindruckende Ruine - *Schloßstr.* - *Koblenzer Str.* - Hauptverkehrsstr. (Radweg) - auf der Straße bleiben, macht vor dem Ort (Bendorf Rechtsknick), müssen uns praktisch links halten - Blick in den Ort lohnt sich aber allemal - (*Yzourer Platz* - Hauptplatz in Bendorf - Brunnen etc.) - Hauptverkehrsstr. - L413 - Radweg.

Eine beeindruckende Ruine

Bitte nicht erschrecken, ja, wir sind richtig: Der Radweg führt tatsächlich über die Standspur einer Autobahn. Autos rasen an mir vorüber - irgendwie hatte ich mir das anders vorgestellt. Nach zirka einem Kilometer ist der Spuk dann vorbei. Vallendar ist erreicht, und bald kommt der Bahnhof in Sicht, an dem wir uns rechts durch die Arkaden zum Rhein halten. Ab sofort können wir auf dem gut ausgebauten Radweg entlang des Rheinufers nach Koblenz zurückradeln.

Ein Radweg auf der Autobahn?

Etappe: Ehrenbreitstein - Fähre nach Koblenz mit Fahrradtransport - wir tuckern gemütlich ans andere Ufer - Rheinufer links halten, zurück wie wir auch gekommen sind - KD-Anlegestelle - *Markbildchenweg* - Hauptbahnhof Koblenz.

BEI DEN VIER SEEN

Durch den Hunsrück nach Boppard

Strecke: Koblenz Hbf - Koblenzer Stadtwald - Rittersturz - Kühkopf - Waldesch - Bopparder Stadtwald - Vierseenblick - Boppard (- Spay - Rhens - Stolzenfels - Königsbach - Koblenz).

Länge: 21 km (mit Rückfahrt 44 km).

Streckenbeschaffenheit: Mittlere und schwere Steigungen bis hinauf zum Kühkopf und hinter Waldesch; maßvolle, teilweise steile Abfahrt durch den Bopparder Wald nach Boppard; am Rhein entlang eben.

Karte: Deutsche Radtourenkarte 18 (Westerwald/Taunus), Haupka Verlag, Bad Soden/Taunus.

Nahverkehr: DB Koblenz Hbf über Rhens nach Boppard.

Etappe: Am Bahnhofsvorplatz nach rechts auf die *Nevers Straße* - hinter der Post rechts auf die *Frankenstraße* - dann geradeaus in die *Chlodwigstraße* - wieder nach rechts in die *Merowingerstraße* und durch die Bahnunterführung - nach links in die *Schützenstraße*, die in die *Laubachstraße* übergeht - nach Passieren der letzten Brücke am Ortsende von Koblenz die Bundesstraße überqueren und in den Weg, der in den Stadtwald und zum Aussichtspunkt Rittersturz führt.

Ab in den Wald!

Ein Blick auf die bedrohliche Steigung genügt: Ich krempele die Ärmel hoch, atme tief durch, mache noch ein paar Dehnübungen für die Beinmuskulatur - und schiebe dann das Rad gemütlich hinauf bis zur ersten Kurve, denn von da an geht es stetig, aber maßvoller

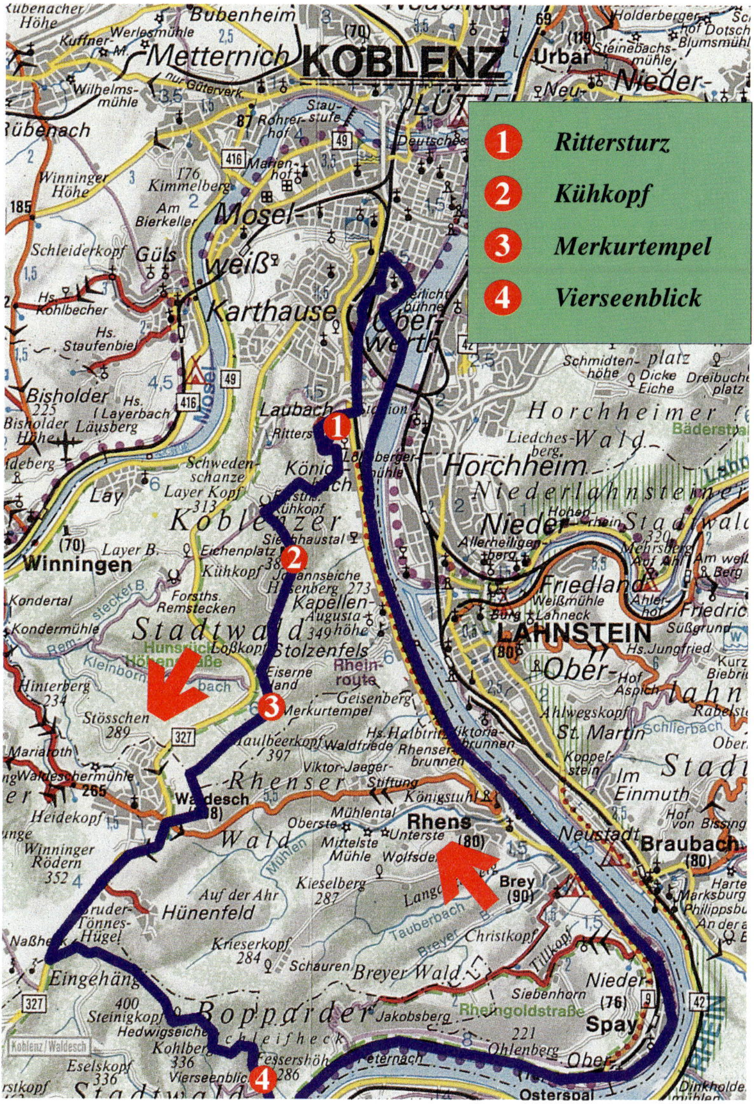

bergan durch den schattigen Wald. Bald gelange ich an eine Kreuzung: nach rechts zweigt der „Naturlehrpfad am Waldpark" ab, ein Wanderweg; geradeaus wartet als Belohnung für die Bewältigung einer kurzen, beinharten Steigung der „Waldspielpark", ein Abenteuerspielplatz nicht nur für Kinder; am Ende der Kurve geht die Straße weiter, die hinauf zum Kühkopf führt.

Aussicht und Historie: Der Rittersturz

Mich zieht es jedoch zunächst zum nur ein paar hundert Meter entfernten Aussichtspunkt Rittersturz. Also: Abbiegen in die erste Straße scharf links. Auf dem Rittersturz trafen sich im Juli 1948 im gleichnamigen Hotel die deutschen Ministerpräsidenten, um über die Bildung eines gemeinsamen Staates zu beraten. Die Tagung war ein wichtiger Meilenstein auf dem Weg über den Parlamentarischen Rat zur Annnahme des Grundgesetzes und zur Bildung der Bundesrepublik Deutschland. Vom Hotel und der elektrischen Bergbahn, mit der man es erreichen konnte, ist nichts mehr übrig: Das Gebäude drohte ins Tal abzustürzen und wurde abgerissen. Heute erinnert nur noch ein Denkmal, das aus drei großen Säulen besteht, die die damaligen drei alliierten Westzonen symbolisieren, an den Konferenzort. Die schöne Aussicht ins Rheintal von Koblenz bis zur Braubacher Marksburg ist jedoch geblieben.

Etappe: Zurück zur Kreuzung und weiter in Richtung Kühkopf - an der nächsten Kreuzung (Startpunkt eines „Geologisch-landeskundlichen Wanderweges“) rechts immer der Straße nach geradeaus.

Ausruhen im Forsthaus Kühkopf

Hier läßt sich's rasten. Das verschwiegene Forsthaus Kühkopf, ein Bilderbuch-Schwarzwaldhaus, lädt zum Entspannen, Essen und Trinken ein. Auf dem Teich und in den nach oben offenen Käfigen rings um das Forsthaus tummelt sich neben gemeinen deutschen Schwänen und Enten recht exotisches Geflügel: „Orpington-Huhn“, „Sibirische Rothalsgans“, steht auf den Hinweistafeln. „Put, put, put, ihr seht aber lecker aus...“, lobe ich das farbenfrohe Getier.

Nachdem ich mich anhand einer Schautafel über das Waldsterben informiert habe, fahre ich nach links unterhalb des Forsthauses weiter und folge dem Hinweis „Kühkopf/Waldesch 5,0 km“ an der autoabweisenden Schranke vorbei in den tiefen Wald. Nochmals wird mein Klettervermögen phasenweise einer harten

Probe unterzogen. Doch einmal hat alles ein Ende: Unterhalb des Fernmeldeturmes Kühkopf verläuft die Trasse endlich eben. Zum 382 Meter hoch gelegenen Turm, Baujahr 1975, gelangt man über einen asphaltierten Weg, der nach rechts abzweigt. Eine Besichtigung des schwindelerregenden Bauwerkes ist nicht möglich, aber auch so ist es beindruckend.

Ganz oben: Der Fernmeldeturm Kühkopf

Ich fahre geradeaus weiter. Diese Verbindung diente übrigens schon vor rund zweitausend Jahren als Verkehrsverbindung: Hier verlief die alte Römerstraße, die Koblenz und Trier miteinander verband. Am Parkplatz „Eiserne Hand“ beginnt der Wanderweg nach Schloß Stolzenfels (siehe Tour 14). Geradeaus wird das Rauschen nun heftiger; leider handelt es sich jedoch nicht um Blätter, sondern um die Geräuschkulisse, die von den Autos auf der vielbefahrenen Hunsrückhöhenstraße ausgeht. Kurz vor dieser Rennbahn biege ich nach links ab in Richtung Merkurtempel. An der Abzweigung steht eine Schautafel, die über „Archäologische Denkmäler im Stadtwald von Koblenz“ aus der Bronze- bis Römerzeit informiert. Der Merkurtempel ist dem römischen Gott Merkur sowie seiner gallischen Begleiterin Rosmerta gewidmet und war vom 1. Jahrhundert vor Christus bis zum 5. Jahrhundert nach Christus in Betrieb. Die Grundmauern der Anlage sind noch zu sehen.

Archäologische Denkmäler im Stadtwald

Etappe: Hinter dem Tempel rechts weiter Richtung Waldesch - am Waldrand, an einem Feld, nach links - immer geradeaus am Waldrand entlang - schließlich dem Weg nach rechts durch die Felder nach Waldesch hinunter folgen - an der Kreuzung am Ortsausgang von Waldesch weiter auf der Hunsrückhöhenstraße Richtung Hermeskeil/Kastellaun.

Es läßt sich leider nicht vermeiden, für ein kurzes Stück, um die Anhöhe zu erklimmen, nutze ich die Hunsrückhöhenstraße, die Bundesstraße 327. Die Straße wurde Ende der dreißiger Jahre für militärische Zwecke bin-

Der Funkturk im Koblenzer Stadtwald

Wrom, Wrom, die Hunsrückhöhenstraße

nen kurzem aus dem Boden gestampft und verbindet über rund 110 Kilometer die Städte Koblenz und Hermeskeil. Sie gilt als eine der schönsten und waldreichsten Bundestraßen Deutschlands - ob das die Autofahrer wohl bemerken? Der Ausblick auf Waldesch, den Kühkopf und darüber hinaus ist jedenfalls fabelhaft.

Trotzdem bin ich froh, als ich die Hunsrückhöhenstraße oben auf der Kuppe, am auf der linken Seite gelegenen Waldparkplatz Nassheck, wieder verlassen kann. Hier erläutert eine Schautafel, wie man nach Boppard kommt. Ich fahre via „Bruder-Tönnes-Hügel" und Hedwigseiche zum Vierseenblick. Waldesruh!

Etappe: Rechts der Schautafel in den Wald - nach links auf den Weg Nr. 39 Richtung „Bruder-Tönnes-Hügel" - am Hügel, einem Fürstengrab aus der Hallstatt-Zeit (1000-500 v. Chr.), rechts weiter (Schild: „Jakobsbergerhof") - geradeaus durch den Wald - schließlich nach links Richtung Hedwigseiche bzw. zum wunderschönen Vierseenblick.

Der Rhein als Seenplatte

Nach langer, rasanter Abfahrt durch den schönen Wald - was für Ameisenhügel! - erreiche ich das Hotel „Vier-Seen-Blick". Der Blick von der Terrasse ist verblüffend: Der Rhein, durch Berge teilweise verdeckt, zerlegt in vier Seen! Ein Panorama, das täuschend echt wirkt. Nachdem ich es sattgenossen habe, radele ich hinter dem Parkplatz rechts weiter nach Boppard. Geradeaus befindet sich die Bergstation des Sessellifts (Beförderungszeiten: 10-17 Uhr; Preis: 9 DM für die Hin- und Rückfahrt), der die See-Süchtigen von Boppard hier hinauf transportiert.

Etappe: Im Tal geht der Weg in eine Straße über - an der Kreuzung links weiter - durch das Mühltal nach Boppard hinein - Talstation des Sesselliftes/Haltestelle der Boppard-Stadtrundfahrt - am Ausgang des Mühltales nach rechts auf die *Koblenzer Straße* - schließlich nach links abbiegen (Schild „Zentrum") - am Bahnhof (auch Ausgangspunkt der Hunsrückbahn nach Emmelshausen) vorbei in die Innenstadt - geradeaus in die *Oberstraße* (Fußgängerzone).

Nach Boppard hinein

Hier schlägt emsig das geschäftliche Herz Boppards. Viele Auslagen - Souvenirs, Souvenirs - und die Anzahl der Weinstuben lassen

Das römische Boppard

TOUR 8
Boppard

den großen Stellenwert des Fremdenverkehrs erkennen. Die Mitte des geschäftigen Marktplatzes schmückt seit 1992 der Thonet-Brunnen. Er ist dem bekanntesten Sohn des Ortes gewidmet, dem Schreiner und späteren Möbelfabrikanten Michael Thonet (1796-1871). In seiner Heimatstadt brachte er es nur bis zum Konkurs, doch später in Wien setzte Thonet seine Idee, Holz zu biegen, in Kaffeehausmöbel um, was ihn zum größten Möbelhersteller seiner Zeit machte. Die St. Severus-Kirche am unteren Ende des Platzes stammt aus dem 12./13. Jahrhundert und ist ein markantes Beispiel spätromanischer Baukunst. Interessant sind die sternförmigen Rippengewölbe im Hauptschiff.

Michael Thonet - der bekannteste Sohn der Stadt

Vom oberen Ende des Marktplatzes zweigt die *Kirchgasse* ab, die mich in die römische Zeit Boppards bringt. Der Ort, ursprünglich eine keltische Siedlung, verfügt über die besterhaltene römische Befestigungsanlage in Deutschland: 1990/91 wurde an der *Angertstraße* (links) ein 55 Meter langer Teil der Mauer des im 4. Jahrhundert erbauten Kastells „Bodobriga" - Gesamtausdehnung: 308 x 154 Meter - lückenlos freigelegt. Der gute Originalzustand der acht Meter hohen

Als Boppard noch Bodobriga war

Der Wendepunkt der Tour

Mauer und der Wehrtürme läßt mich staunen. Die Giebelwand mit dem Tor hinter der Mauer stammt aus dem Mittelalter.

In Alt-Boppard

Durch die *Angertstraße*, die Straße *Balz* und die *Bingergasse* - beide verkörpern ein Stück des beschaulichen Alt-Boppard - radele ich geradeaus zum Bingertor. Es ist Teil der im 14. Jahrhundert errichteten mittelalterlichen Stadtbefestigung. Beiderseits des Tores sind noch Abschnitte der Stadtmauer zu sehen.

Etappe: Nach links *Am Casino - Mainzer Straße* überqueren - durch die *Michaelbach-Straße* hinunter zu den Rheinanlagen - dort links weiter am Sandtor (Rest der mittelalterlichen Stadtbefestigung) und Ritter-Schwalbach-Haus (Sitz einer im Mittelalter bedeutenden Adelsfamilie) vorbei.

Ein Museum: die alte kurfürstliche Burg

Unmittelbar am Rhein liegt die ehemalige Kurfürstliche Burg. Boppard wurde zu Beginn des 14. Jahrhunderts Teil des Kurfürstentums Trier, und Kurfürst Balduin ließ zur Festigung seiner Herrschaft sowie als Zollstation diese

Burg bauen. Heute sind hier das Museum der Stadt Boppard und eine Michael-Thonet-Sonderausstellung untergebracht (Öffnungszeiten: Di-So 10-12 und 14-17 Uhr von April bis Oktober; der Eintritt ist frei).

Ein paar hundert Meter weiter steht die turmlose gotische Karmeliterkirche. Der Karmeliterorden gründete im 13. Jahrhundert in Boppard eine Niederlassung. Die architektonisch schlichte Kirche ist innen außerordentlich reich ausgestattet. Man beachte unter anderem das prunkvoll geschnitzte Chorgestühl!

Auch das Rheinpanorama Boppards ist etwas für das Auge. Die Stadt liegt an der größten Rheinschleife, dem „Bopparder Hamm".

Die Stadt und der Wein

Hier wird schon seit römischer Zeit Wein angebaut, und dank des Klimas, der Südlage und der steilen Schieferhänge erbringt der Anbau Weine von beachtlicher Qualität. Rebsorte ist überwiegend der Riesling.

Für die Rückkehr nach Koblenz gibt es nun drei Alternativen: das Schiff (Anlegestelle Rheinallee), den Zug oder das Rad. Wer Letzteres bevorzugt, hat es nicht schwer: immer am Rhein lang! (Beschreibung siehe Tour 14).

WO DER KURGAST EIN KÖNIG UND DER BURGGRAF EIN NASSAUER IST

Ins Lahntal nach Bad Ems und Nassau

Strecke: Hauptbahnhof Koblenz - Lahnstein - Nievern - Miellen - Bad Ems - Wiesbach Dausenau - Nassau.

Länge: 32 km (mit Rückfahrt 64 km).

Streckenbeschaffenheit: eben.

Karte: Deutsche Radtourenkarte 18 (Westerwald/Taunus), Haupka-Verlag Bad Soden/Taunus.

Nahverkehr: DB Lahntalbahn Nassau-Bad Ems-Lahnstein-Koblenz.

Schulwandertag - vor dem Hauptportal des Koblenzer Hauptbahnhofs herrscht reges Treiben. Meine blonde Kollegin Frau Brüstle und ich haben uns hier mit unserer Schulklasse für eine Radtour ins Lahntal verabredet. Mit dem Wetter haben wir Glück: die Sonne lacht, und die Gesichter der Kinder strahlen mit ihr um die Wette. Klar, denn für Kinder der dritten Grundschulklasse ist so ein Tagesausflug mit dem Rad ein echtes Abenteuer. Und nicht nur für sie. Auch für uns Lehrer. Denn auf so einen Haufen 9jährige aufzupassen ist schwieriger, als einen Sack Flöhe zu hüten.

Schulwandertag auf dem Rad

Etappe: Koblenz Hauptbahnhof - *Markenbildchenweg* - links in die *Mainzer Str.* - Pfaffendorfer Brücke - direkt rechts, dann nochmal scharf rechts (grünen Radwegschildern Richtung Lahnstein folgen) - um den kleinen Fußballplatz herum zum Rheinufer hinunter; Achtung! Steiler Pfad mit Kopfsteinpflaster, sehr rutschig, der in eine kleine Treppe mündet, daher nicht volle Pulle zum Rhein hinunterfahren - links auf den Rheinuferweg.

Alle Hände voll zu tun

Endlich haben wir unsere 20 Mädels und Jungs durch den Stadtverkehr geschleust und sind glücklich am Rheinufer angelangt. Der Radweg am Rhein macht anfangs einen bequemen Eindruck, wird dann aber einige Male so schmal, daß auf Gegenverkehr geachtet werden muß und sich einige unserer Zöglinge bedrohlich dem Uferrand nähern. Wir beiden Aufsichtspersonen haben alle Hände voll zu tun, damit wir die Klasse im wahrsten Sinne des Wortes „auf die Reihe kriegen" und diese Strecke ohne Zwischenfall hinter uns bringen.

Etappe: Radweg vom Rhein weg auf *Am Heiligenhäuschen* - *Emser Str.* - an der Bushaltestelle *Emser Str.* führt der Radweg wieder zum Rhein hinunter - Horchheim.

Vorsicht, Hafen!

Als wir an der linken Seite in großen weißen Lettern „Horchheim" an die Mauerwände gepinselt sehen, hat der Radweg am Rhein unversehens ein Ende. Denn geradeaus warnen uns eindringlich Schilder vor der Weiterfahrt: „Privatweg - Durchgang auf eigene Gefahr! Ab hier Rauchverbot! Hafengebiet - Fischen und offenes Feuer verboten!" Unmöglich, mit unseren Rabauken hier durchzufahren. Wir gehen kein Risiko ein und dirigieren unseren Troß nach links.

Etappe: rechts *Kehlenbachstr.* (grünen Schildern des Radweges R35 nach Lahnstein folgen) - am Straßenende rechts auf die *Didierstr.* durch das Werksgelände der gleichnamigen Fabrik - rechts durch das Gelände von „Maximilians Brauwiesen" wieder auf den Radweg am Rhein.

1 Lahnmündung
2 Nievern
3 Bad Ems
4 Nassau

„Maximilians Brauwiesen" mit seinem schönen, urigen und gemütlichen Brauhaus in einer rot-weißen Jugendstilvilla verlockt geradezu zu einer Rast. Die Kinder toben denn auch sofort in den Anlagen des weitläufigen Biergartens herum. Meine Kollegin und ich ermahnen sie zur Weiterfahrt, denn es ist noch früh, und wir haben noch ein Stück Wegstrekke zurückzulegen. Vielleicht werde ich mal mit meiner Frau hierherkommen, denke ich mir, obwohl die Aussicht vom Biergarten auf den unansehnlichen Klotz einer am anderen Rheinufer gelegenen Brauerei nicht die schönste ist.

Etappe: Radweg links entlang des Rheins - Lahnstein (siehe Tour 5) - Lahnmündung - an der Mauer mit dem Schriftzug Lahnstein langgezogene Linkskurve - Lahntal (R 36).

Rechts von uns thront hoch über der Lahn Burg Lahneck (siehe Tour 5). Direkt hinter dem ersten großen Wehr befindet sich auf der gegenüberliegenden Flußseite sogar eine Werft. Der Radweg, der entlang des linken Lahnufers führt, könnte phantastischer nicht sein. Weg vom Autoverkehr, passieren wir immer wieder Grünanlagen und Campingplätze, während zu unserer Rechten die Lahn ruhig und gemächlich dahinfließt. Klar, daß sich hier viele Dauercamper häuslich einrichten. Und stolz sind auf ihre Domizile. Das sieht man an den Namensfindungen, die mehr an Residenzen erinnern als an Hauszelte und Campingwagen: „Schloß Lahnstein" lese ich da, oder gar „The Royal Hotel" mit einer Krone und einem prunkvollen Wappen über dem Zelteingang.

Paläste auf dem Campingplatz

Ohne Hast zuckeln wir mit unserer Schulklasse Bad Ems und Nassau entgegen. Die Kinder sind begeistert von dem abwechslungsreichen Weg, und auch wir Erwachsenen sind uns einig: jetzt schon eine wunderschöne Tour. Immer wieder fahren wir an kleinen Häfen vorbei, in denen die weißen Boote und Yachten der Hobbyschiffer vertäut sind und die schmuck und verträumt das gleißende Sonnenlicht reflektieren. Idyllisch, wie die Boote fast lautlos über das Wasser gleiten. Da sind die Enten, Gänse oder sogar Kraniche, die wir unterwegs immmer wieder am Flußufer antreffen, mit ihrem Geschnattere geräuschvoller.

Idyllisches Flußufer

An einer der Bootsanlegestellen fahren wir an einem roten Backsteingebäude vorbei, das klein, aber sehr einladend aussieht. „Altes Schleusenhäuschen" nennt sich diese Gaststätte und weist damit ihre frühere Nutzungsfunktion aus. 'In dem kleinen Biergarten läßt es sich hübsch sitzen', denke ich. 'Und selbstgebrautes, naturtrübes Zwickelbier haben die hier auch.' Aber korrekterweise muß ich den Gedanken auf eine Bierpause auf einen anderen Tag verschieben, denn heute wird Verantwortung großgeschrieben.

Etappe: Radweg an der Lahn - Miellen - Nievern - Bad Ems.

Apropos Verantwortung: bereits kurz hinter Miellen warnt uns ein Schild: „Achtung Engpaß! Radfahrer absteigen!" Diesen Hinweis sollte man wirklich ernstnehmen. Gott sei Dank sind unser Kinder diszipliniert und steigen ab, ohne Schwierigkeiten zu machen. In der Tat ist diese Passage so eng und unübersichtlich, daß, wenn man der Aufforderung sein Rad zu schieben nicht Folge leistet, es schnell zu Unfällen kommen kann.

Bei Nievern halten wir kurz an, und ich weise unsere Schüler auf die Nieverner Hütte hin, deren Schornsteine verwaist in den Himmel ragen. Dieses alte Backsteingebäude war von 1671-1932 eine bedeutende Eisengießerei und wurde dann stillgelegt. Der heutige Baubestand ist von 1850. Die Nieverner Hütte gilt als herausragendes Industriedenkmal, und deshalb ist ihr Baubestand geschützt. Vom Hokker reißt das die Kinder allerdings nicht, und auch meine junge Kollegin und ich können nichts Ästhetisches empfinden beim Anblick dieses Denkmals aus einer Zeit, in der Arbeiter noch fast wie Sklaven geknechtet wurden.

Ein Baudenkmal aus Backstein

Feudal: Das Kurhaus in Bad Ems

Etappe: Überqueren der Lahn über die Remybrücke - links *Wilhelmsallee* - links Kaiser-Brücke - Kurpark - *Römerstr.* - Lahnufer.

Dagegen Bad Ems! Feudal, nobel, wie aus dem Ei gepellt zeigt sich die Lahnpromenade her mit Kurhaus, Parkanlagen und Casino. Wir haben mit unserer Schulklasse den Schlenker über die *Wilhelmsallee* gewählt, weil wir von hier das herrliche Panorama des Kurhauses und der Spielbank am besten betrachten können. Prächtig gold-gelb-glänzend prangt das Gebäude selbstbewußt, fast hochmütig in der Sonne.

Wo der Kurgast König ist

Hier muß der Kurgast sich wahrhaft wie ein König fühlen. Viele unserer Kleinen haben Kameras mitgebracht und photographieren fleißig dieses imponierende Panorama.

Ein anschließender Gang durch den mit üppiger, farbenprächtiger Vegetation ausgestatteten Kurpark darf natürlich auch nicht fehlen. Hier sprudelt aus den Emser Thermen aus 18 Quellen das 35-57° Celsius warme Thermalwasser hervor. Zwei Millionen Liter „Aqua terminale“ strömen hier täglich aus der Erde. Unglaublich: damit ließen sich täglich 50.000 Badewannen füllen. Vornehmlich alte Leute kommen uns bedächtig entgegen, während die

Kinder unter lautem Geplapper die Räder durch den Park schieben. Ein bißchen verstaubt ist die Atmosphäre hier schon, und unsere „lauten Kinder" ernten so manche böse Blicke. Bevor wir Bad Ems verlassen, kommen wir noch an der ältesten Spielbank Deutschlands vorbei, die 1987 nach 115 Jahren wieder eröffnet wurde. Wir spielen aber heute lieber mit den Kindern.

Laute Kinder im Kurpark

Etappe: Radweg links der Lahn - Wiesbach - Dausenau - Überqueren der Lahn - Radweg rechts der Lahn - Nassau.

In Nassau interessiert uns natürlich die Burg, die wir mit der Schulklasse besichtigen wollen. Mit dem Rad ist die Strecke hinauf zu steil. Wir entscheiden uns, den Waldweg kurz vor der Kettenbrücke hinauf zur Burg zu nehmen und stellen unsere Räder unten ab. Weithin sichtbar ist der trutzige Turm der 205 Meter hoch gelegenen Burg, der das Lahntal und Nassau herrschsüchtig überragt. Auf unserem Weg in die Höhe passieren wir zunächst die Ruinen von Burg Stein aus dem Jahre 1158. Oben auf dem Burggelände präsentieren sich uns voll Trotz die restaurierten Gemäuer der Burg Nassau. Sie wurde im ersten oder zweiten Jahrzehnt des 12. Jahrhunderts von den damaligen Grafen von Laurenburg erbaut, die später den Namen Nassau annahmen, was aber nichts damit zu tun hatte, daß sie ständig „auf lau" lebten. Denn der Name Nassau bezeichnet schlicht und ergreifend ein Fürstentum. Von Kampfhandlungen verschont geblieben, verfiel die Burg im Laufe der Jahrhunderte dem schleichenden Siechtum. Erst im 19. Jahrhundert begann man mit der Konservierung der Bausubstanz. Und ab 1970 wurde die alte Burg soweit wie möglich restauriert oder authentisch nachgebaut, so der Bergfried in Anlehnung an eine Merian'sche Ansicht aus dem 17. Jahrhundert. Beim Betrachten des über 20 Meter hohen achteckigen Turms hat man unwillkürlich den Eindruck, als könnte jeden Moment

Endlich ein Nassauer!

ein adrettes Burgfäulein hilfesuchend zwischen einer der Zinnen hervorschauen oder ein mittelalterlicher Heerrufer zum Wecken blasen. Die Aussicht von oben auf das Lahntal ist herrlich. Unweit der Burg befindet sich das Stein-Denkmal, das dem Humanisten und Goethe-Freund Freiherr vom Stein gedenkt, der in dieser Region seinen Stammsitz und sein Schloß hatte. Auch von diesem 120 Meter über dem Tal gelegenen Denkmal hat man einen schönen Blick auf die Umgegend.

Das Denkmal vom Stein

Etappe: Links auf die Kettenbrücke - links *Kettenbrückstr. - Am Adelsheimer Hof.*

Hier befinden wir uns im Zentrum der Altstadt direkt am Rathaus. Der wunderschöne Fachwerkbau aus dem Jahre 1609 diente zunächst Adam Freiherr vom und zum Stein als Domizil. Die reichen Schnitzereien an den Eckpfosten der Erker gehören zu den ausgezeichnetsten ihrer Art im Rheinland. Seit 1912 befindet sich in dem famosen Fachwerkbau das Rathaus von Nassau. Das kräftige leuchtende Rot des Fachwerks und das fast unwirklich helle Weiß der Mauerflächen entstammt einer Renovierung aus dem Jahre 1978. Wir machen gerne Halt an dem schnuckeligen Springbrunnen, an dessen Wasser die Kinder sich erfrischen. Ich muß meine blonde Kollegin und die Kinder davon abhalten, nicht in das kühle Naß hineinzuspringen. Was sie nicht hindert, eine Wasserschlacht untereinander anzuzetteln. Ich lasse sie wohlwollend gewähren, der Tag war anstrengend, und es ist außerdem sehr heiß. Nachdem die Rangen ihr letztes bißchen Kraft losgeworden sind, möchten wir ihnen zum Schluß noch ein wenig Kultur vorsetzen. Wir wollen das Stein'sche Schloß besichtigen. Großen Beifall ernten wir mit diesem Vorschlag nicht bei unseren Schutzbefohlenen. Immerhin fügen sie sich ohne große Diskussionen. So fahren wir am Rathaus vorbei *Am Adelsheimer Hof* und dann rechts in die *Schloßstraße*.

Wasserschlacht am Springbrunnen

Rathaus mit Springbrunnen in Nassau

Das Schloß des Goethefreundes

Das Stein'sche Schloß ist das, was man sich unter einem rechten Herrschaftssitz so vorstellt mit Schloßpark und feudalen Gebäuden. Früher war das hier ein Gutshof, der ab 1621 zu einem repräsentativen Wohnsitz umgebaut wurde. Im Laufe der Zeit wurde das herrschaftliche Haus immer wieder umgebaut und erweitert. Die heutige Ausstattung des Inneren ist wesentlich geprägt von der Einrichtung, die Freiherr Karl vom Stein im späten 18. und frühen 19. Jahrhundert dem Schloß angedeihen ließ. Die unteren großen Wohnräume erhielten jetzt eine neue Gestalt, folgerichtig im Stil des frühen Klassizismus, dem der Freiherr nachhing. War vom und zum Stein doch Förderer der Geschichtswissenschaften und ein Freund Goethes. Den achteckigen Turm, der sich dem Hauptgebäude anschließt, ließ er in den Jahren 1814-1818 zur Erinnerung an die deutschen Freiheitskriege erbauen. Dieser im neugotischen Stil errichtete Turm sollte als „patriotisches Denkmal“ dienen und ganz im Sinne Goethes die gotische Architektur des Straßburger Münsters feiern.

Eine tolle Verabredung

Meine blonde Kollegin Frau Brüstle und ich feiern jetzt aber das Ende unseres Schulausfluges. Und noch besser: für heute abend haben wir uns verabredet. Wir fahren mit unseren Schülern zur Kettenbrücke zurück und dann links in die obere *Bahnhofstraße* zum Bahnhof. Eine Fahrt mit der Lahntalbahn ist immer ein Erlebnis. Unsere Kids sind glücklich über die tolle und gelungene Radtour, aber völlig ausgepowert und freuen sich, daß wir mit dem Zug zurück nach Koblenz fahren. Ich freue mich auch. Denn Kollegin Brüstle ist attraktiv, intelligent und - sie ist erst 25!

EINSAM, SCHÖN UND MAGISCH

Über die Eifelhöhen nach Burg Eltz

Strecke: Koblenz Hbf - Lützel - Metternich - Winninger Höhe - Wolken - Achterspannerhöfe - Lonnig - Rüber - Münstermaifeld - Wierschem - Burg Eltz - Wierschem - Lasserg - Moselkern.

Länge: 41 km (mit Rückfahrt 78 km).

Streckenbeschaffenheit: viele Steigungen von leicht bis schwer.

Karte: Deutsche Radtourenkarte 18 (Westerwald/Taunus) und Deutsche Radwanderkarte 17 (Eifel/Mosel/Ahrtal), Haupka Verlag, Bad Soden/Taunus.

Nahverkehr: DB Koblenz Hbf Richtung Cochem/Trier über Moselkern.

Was ist dran an dieser Burg? Bis vor ein paar Jahren zierte ihre Zeichnung den 500-DM-Geldschein. Man hat mir schon viel von ihr erzählt, und immer wieder hieß es: „Du mußt hin und sie sehen, dann erschließt sie sich!“ Nun gut, probieren geht über studieren.

Etappe: Am Bahnhofsplatz nach links in die *Bahnhofstraße* - nach links in die *Rizzastraße* - nach rechts in die *Löhrstraße* - an der Herz-Jesu-Kirche (Baujahr 1906) und dem Einkaufsparadies Löhrcenter vorbei - zu Beginn der Fußgängerzone geht der Radweg nach links in die *Hohenfelderstraße* über - geradeaus *An der Moselbrücke* - die Balduinbrücke überqueren (siehe Tour 1) - auf der anderen Seite dem Radweg „Cochem“ folgen - nach rechts in die *Gartenstraße* - über die *Neuendorfer Straße* weiter in die *Blumenstraße* - am *Theodor-Heuss-Ufer* nach rechts weiter unter der Balduinbrücke durch - entlang der Mosel auf dem *Theodor-Heuss-Ufer* (Radweg „Metternich") - am Gelände des Wassersportvereins nach rechts die Straße *Rohrerhof* hinauf nach Metternich hinein.

Durch Metternich

Es läßt sich nicht behaupten, daß der Koblenzer Stadtteil Metternich sehr anziehend wirkt - speziell hier an der vielbefahrenen *Trierer Straße*, auf die ich stoße. Den Autostrom meidend, schiebe ich das Rad nach links die Straße hinauf bis zur Kreuzung, danach wird die *Trierer Straße* verkehrsärmer und somit angenehmer zu fahren. Doch schließlich geht's bergan: Ich verlasse langsam aber stetig das Moseltal und klettere hinauf in die Eifel.

Fabelhafter Blick in die Eifel und das Moseltal

Ganz oben, am Ende der *Trierer Straße* am Reiterhof, werfe ich einen letzten Blick zurück auf das Moseltal und Koblenz: Fabelhafte Aussicht! Dann radele ich am Reiterhof vorbei und links - immer auf dem asphaltierten Weg - um die Anlage herum, um auf den teilweise befestigten, teilweise geteerten Radweg nach Polch zu gelangen, der an der Straße *Münsterweg* entlangführt. Die Bauern benutzen den Radweg auch, allerdings mit ihren Traktoren. Das hinterläßt mitunter tiefe Spuren und viel Erde auf dem Feldweg, Slalomgeschick ist erforderlich. Wer das im Griff hat, kann seinen Blick in aller Ruhe weit über die Felder und Wälder schweifen lassen.

Etappe: In Sichtweite der Autobahnbrücke Ende des Radweges - auf der Straße weiter - hinter der Brücke ein stetiger, steiler Anstieg - rechts an Wolken vorbei - linkerhand die Winninger Moselbrücke, die mit 136 Metern höchste Brücke Deutschlands - vorbei an einem Parkplatz mit einer Informationstafel über die Wanderwege der Ortsgemeinde Kobern-Gondorf - durch Karmelenberger Hof/Achterspannerhöfe.

Jetzt bin ich ganz auf der Höhe. Die Landschaft ist phantastisch, die Aussicht nicht minder. Rundherum Felder, Wiesen, Wälder und Höhen der Eifel und des Hunsrücks, dazwischen das Moseltal. Schließlich biege ich nach links Richtung Lonnig/Münstermaifeld ab.

Voll auf der Höhe!

Eifelpanorama auf dem Weg zur Burg Eltz

Lonnig heißt das erste einer Reihe von kleinen, niedlichen Eifeldörfern oder -flecken auf meinem Weg nach Münstermaifeld. Ich durchquere es auf der Straße *An der Klostermauer.* Im Dorf befindet sich eine Augustinernonnen-Klosterkirche aus dem Mittelalter mit einem spätromanischen Chor. Via *Oberdorfstraße* radele ich weiter nach Rüber, ebenfalls ein Bauerndorf, und erreiche dann Küttig. Das recht ansehnliche Örtchen gehört schon zu Münstermaifeld, dessen alles überragende St. Martinus und St. Severus-Kirche nun in Sicht kommt. Noch einmal geht es steil bergan. Auf, ab, auf, ab, jetzt wieder auf: Die Eifel ist eine echte Achterbahn (nur der Looping fehlt noch!).

Ein stetes Rauf und Runter mit Aussicht

Über die *Raiffeisenstraße* klettere ich nach Münstermaifeld hinein. Am Ende der Straße hängt ein Ortsplan. Jetzt nach links in die *Bahnhofstraße*, die in die *Unterforststraße* übergeht. Hier, im Zentrum, läßt sich die frühere Bedeutung der Stadt an den Gebäuden ablesen: Zunächst passiere ich den ehemaligen Hof der Kurfürsten von Trier, eine im Ursprung fränkische Anlage, und gelange danach zum Brunnenplatz, von dem es links hoch zur ehemaligen Stiftskirche „St. Martinus und St. Severus“ geht. Zwischen dem Brunnenplatz und der Kirche steht das alte Rathaus aus dem Jahre 1575.

Entdeckungen in Münstermaifeld

Die Kirche wurde Ende des 10. Jahrhunderts gestiftet. Ihr burgähnlicher Westbau mit den beiden runden Türmen stammt aus dem 12. Jahrhundert, der Rest aus dem 13./14. Jahrhundert, ist also teilweise frühgotisch. Die Türme sind leider nicht besteigbar. Im Innern des imposanten Baus finde ich einen ersten Hinweis auf die nahe Burg Eltz: Die Grabmäler des 1529 verstorbenen Grafen Kuno von Eltz und seiner Gemahlin.

Etappe: Zurück zum Brunnenplatz - links weiter Richtung Wierschem - Wierschem - Beschilderung „Burg Eltz“ folgen - Parkplatz Antoniuskapelle.

TOUR 10
Burg Eltz

Von hier aus sind es nur noch wenige hundert Meter bis zur Burg - und dann liegt sie vor mir, oder besser gesagt, unter mir, denn der Weg führt hinab, vorbei an der Ruine Trutzeltz, einer starken Befestigung, die Kurfürst Balduin von Trier (1307-1354) bauen ließ, um die Herren von Eltz zu unterwerfen, was denn auch gelang.

Wie im Märchen: Burg Eltz

Ein atemberaubender, märchenhafter Anblick: Auf einem steilen, schmalen Felsen, der aus dem dichtbewaldeten Eltztal herausragt, drängen sich die mächtigen, turmhohen Gebäude der Burg wehrhaft zusammen. Die 184 Meter hoch gelegene Anlage wirkt wie aus dem Ei gepellt, bester Zustand. Burg Eltz gehört seit 1157 dem gleichnamigen Grafengeschlecht und ist von Kriegszerstörungen verschont geblieben; im Jahre 1920 allerdings wurden viele Gebäude durch einen Brand schwer beschädigt. Heute ist alles wiederaufgebaut.

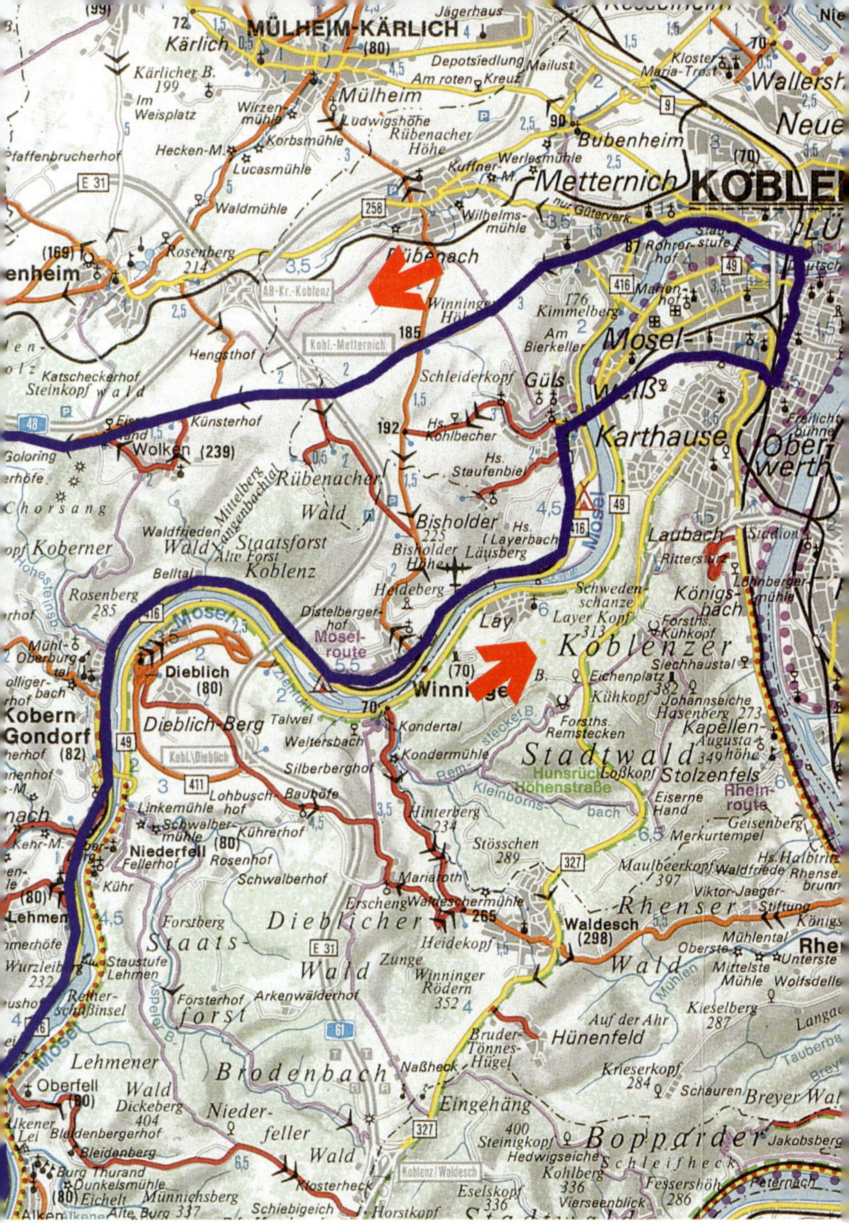

Die Grafen von Eltz

Die Burghäuser, die den engen ovalen Innenhof umgeben, verkörpern mit ihren Namen die vier Hauptlinien des Eltzschen Grafengeschlechtes: Haus Platteltz (erbaut im 13. Jahrhundert), Haus Rodendorf (15. Jahrhundert), Haus Rübenach (15. Jahrhundert) und Haus Kempenich (16. Jahrhundert). Der amtierende Burgherr entstammt letzterer Linie, er heißt Graf Jakob von und zu Eltz-Kempenich. Insgesamt besteht die Burganlage aus acht bis zu 45 Meter hohen Wohntürmen. Interessant ist die Vielfalt der Baustile, die Palette ist sehr umfangereich und reicht von der Romanik bis zum frühen Barock.

Trutzige Burg Eltz

Schatzkammer im Burgfelsen

Auch Kunstliebhaber kommen bei der Besichtigung der Burg auf ihre Kosten. So sind zum Beispiel das Gemälde „Madonna mit Traube“ von Lucas Cranach, Wandteppiche von Gobelin und die Kostbarkeiten aus Gold, Silber und Elfenbein der Schatzkammer der Herren von Eltz, die sich vier Stockwerke tief in den Burgfelsen erstreckt, zu besichtigen.

Geöffnet von April bis Oktober

Die Burg Eltz ist vom 1. April bis zum 1. November werktags von 9-17.30 Uhr sowie sonn- und feiertags von 10-17.30 Uhr geöffnet. Alle 10-15 Minuten beginnen Führungen. Der Eintritt kostet Erwachsene 8 DM (plus 4 DM für die Schatzkammer). Für das leibliche Wohl sorgen zwei Selbstbedienungs-Gaststätten in der Vorburg. Von der Burg führt ein Fußweg durch das Eltzbachtal - der Bach war Namensgeber der Burg - nach Moselkern.

Etappe: Burg Eltz - Wierschem - dort am Land-

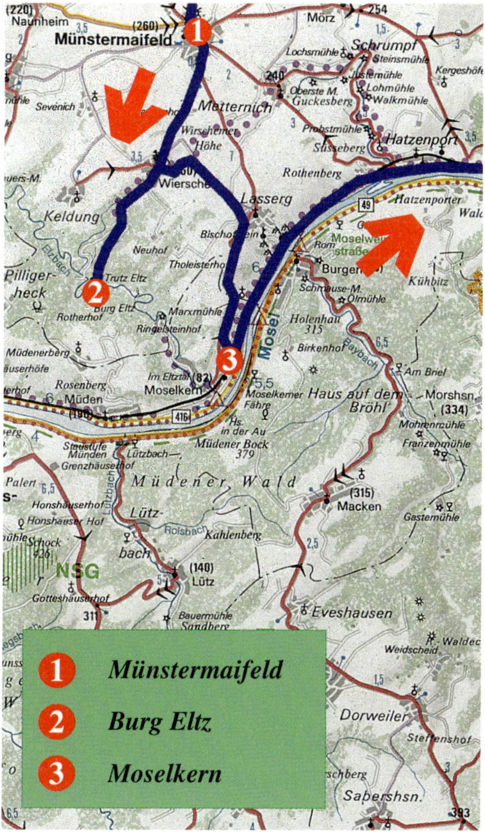

haus Neuhof und Wegstein Moselkern nach rechts ab in den Wald - an der Kreuzung mit der Schutzhütte nach links auf den geteerten, am Ende nur noch befestigten Weg - an der Straße nach rechts - rechts an Lasserg vorbei und geradeaus weiter Richtung Moselkern - rasante Abfahrt ins Moseltal.

Tips für die Rückfahrt

Direkt am Bahnhof kurve ich nach Moselkern hinein. Wer Lust hat, kann in dem sehr ansehnlichen Ort noch etwas essen oder trinken. Wer ganz viel Zeit hat, sollte die Mosel entlang nach Koblenz zurückradeln (siehe Tour 15/16). Wer dazu weder Lust noch Zeit hat, dem empfehle ich den Zug.

WO EINST VULKANE SPIEEN

Zum Kloster Maria Laach und zum Laacher See

Strecke: Hauptbahnhof Koblenz - Metternich - Rübenach - Bassenheim - Ochtendung - Kruft - Mendig - Maria Laach - Mendig - Thür - Ochtendung - Bassenheim - Rübenach - Koblenz.

Länge: Bis Maria Laach 43 Kilometer; Maria Laach - Koblenz 39 Kilometer.

Streckenbeschaffenheit: Anstrengend mit vielen, oftmals erheblichen Steigungen.

Karte: Deutsche Radtourenkarte 17 (Eifel/Mosel/Ahrtal) und Deutsche Radtourenkarte 18 (Westerwald/Taunus), Hauptka-Verlag, Bad Soden/Taunus.

Nahverkehr: DB Nahverkehrszüge von Koblenz nach Andernach und Mendig und ebenso zurück.

Die heutige Tour führt mich in die vulkanische Eifel und zu ihren Maaren, jenen kreisrunden Seen, die durch die einst rege Vulkantätigkeit in diesem Gebiet vor -zig Millionen Jahren entstanden. Seen und Bergkegel sind es auch, die die Landschaft heute prägen. Der größte Kratersee, und dazu noch in einer äußerst reizvollen landschaftlichen Lage, befindet sich bei Maria Laach, dem in der Region wohl bekanntesten Benediktinerkloster.

Etappe: Bahnhof - *Bahnhofstraße* - *Emil-Schüller-Straße* - *Rizzastraße* links (Radweg auf der linken Seite) - geradeaus bis zur *Waisenhausstraße* - rechts in die *Beatusstraße* -

(Ausschilderung Cochem) - links *In der Hohl*, nach 20 Metern rechts in den Unterbreitenweg - Eisenbahnbrücke über die Mosel - Güls (4 km) - runter zum Ufer (links) - Ausschilderung Andernach links folgen - Radweg entlang der Mosel bis Metternich - Kurt Schumacher-Brücke links nach Metternich - *Raiffeisenstraße* - links *Trierer Straße* - rechts *Oberdorfstraße* - bisher immer der Ausschilderung nach Andernach gefolgt.

Fürst Metternich tanzt

Metternich selbst, ein Ortsteil von Koblenz, ist ein hübscher kleiner Weinort an der Mosel. Und in der Tat stammt auch der gleichnamige Sekt aus dieser Region. Das Geschlecht der Fürsten von Metternich war hier ansässig. Dessen berühmtester Familienspröß spielte beim Wiener Kongreß eine maßgebliche Rolle bei der Neuordnung des Alten Kontinents. Wer erinnert sich nicht an die Verfilmung „Der Kongreß tanzt“, in der der Nuschelkönig Hans Moser mal wieder einen willfährigen Untertanen mimte.

Von Rübezahl verfolgt

Weiter führt uns der Weg über die *Pfaffensgasse*, an deren Ende wir links auf den Radweg nach Rübenach einbiegen. Unsere Strecke verläuft auf der Hauptverkehrsstraße direkt durch den Ort. Da es sich zudem auch noch um die B258 handelt, ist es doppelt ärgerlich, daß noch niemand auf den Gedanken gekommen ist, hier einen Radweg anzulegen. Bis Rübenach ist ein stetiger langsamer Anstieg zu nehmen, der aber leicht zu bewältigen ist. Ich weiß nicht warum, aber ständig geht mir auf diesem Streckenabschnitt Rübezahl durch den Kopf. Aber der ist doch im Riesengebirge zuhause... . Am Ortsausgang freut man sich nicht nur über das Ende der Steigung, sondern auch über den schönen Ausblick, und über die Wiesen und Wälder. Wir überqueren die Straße, da sich auf der anderen Seite ein Forstweg hinter Sträuchern und Büschen versteckt, den wir ohne lästigen Autoverkehr bis nach Bassenheim in Ruhe befahren können. Kurz vor Bassenheim erwartet uns ein starkes Gefälle und mit Rasanz geht's hinunter ins Tal und in den kleinen Ort hinein. Auf der linken Seite versteckt sich ein parkumgebenes Schloß hinter einer Mauer. Oder ist es eine Burg? Ich bin mir auch erst einmal im unklaren. Doch die Auflösung finde ich auf dem *Walpotplatz* an der Kirche quasi gegenüber dem herrschaftlichen Bau. Es handelt sich um eine Kommen-

Kommende Bassenheim

Fast wie eine Burg: Die Kommende Bassenheim

de, wie sich aus den geschichtlichen Figuren ergibt, die auf dem Kirchenvorplatz an die ehemaligen Ordensritter aus dem Mittelalter erinnern. Anscheinend prägten sie die Geschichte des Ortes und drückten ihm unverkennbar ihren Stempel auf.

Die Herren Walpot zu Bassenheim

So können wir hier z. B. die Figur von Heinrich Walpot zu Bassenheim betrachten, der 1198-1200 Erster Hofmeister des Deutschen Ordens war. Nur einige Meter neben ihm steht die Statue Siegfrieds Walpot zu Bassenheim, der in Fortsetzung solcher Traditionen von 1370 -96 das Amt des Komturs des Deutschen Ordens bekleidete.

Back to the past

In Bassenheim und insbesondere hier auf dem Platz scheint die Zeit stehengeblieben zu sein. Es würde mich überhaupt nicht wundern, wenn jeden Moment eine Pferdekutsche um die

Ecke biegen würde, deren Passagiere einem früheren Jahrhundert entstammen. Auch ich komme mir wie ein Zeitreisender vor - zurück in die Vergangenheit. Dazu paßt dann auch der alte Postkasten, blau und reichlich verziert, der stolz und schmuck an der Hauswand gegenüber vom Brunnen hängt.

Etappe: Vom *Walpotplatz* aus links die Straße hoch - Anstieg bis wir wieder auf die B258 kommen, die hier aber nicht mehr so stark befahren ist. Bis Ochtendung verliert die Strekke dann ein wenig an landschaftlichen Reizen. - In Ochtendung Ortsmitte rechts nach Kruft abbiegen (Vorsicht! Sehr schlecht ausgeschildert!), vor der Kirche in die *Plaidter Str.* - dann der Ausschilderung Kruft/Fressenhöfe folgen.

Eine Fata Morgana?

Und nun wird es auch wieder grüner! Manchmal habe ich den Eindruck, in eine verschlossene Dorf- und Bergwelt einzudringen, die sich der Moderne gänzlich entzogen hat. Und dann passiert es tatsächlich: Mir kommt ein pferdegezogener Karren entgegen. Und der alte Mann auf dem Kutscherbock, dessen Weste auch schon einmal bessere Zeiten gesehen hat, schüttelt ungläubig den Kopf, als er meiner ansichtig wird. - Vielleicht hat er ja noch nie ein Mountainbike gesehen? - Für mich unverständlich brummelt er etwas in seinen grauen Bart. Ich komme mir vor wie in einem Freilichtmuseum: So lebten unsere Vorfahren vor 100 Jahren.

Der alte Mann und das Rad

Übrigens ist es auf dieser Etappe recht bergig und sicherlich keine Schande, wenn man einmal vom Rad steigt, um es zu schieben. Vielleicht hatte der alte Mann ja auch darüber den Kopf geschüttelt? - Wie kann man hier nur mit dem Rad unterwegs sein?

Etappe: Weiter geht es nach Kruft - wir nähern uns dem Ort, vorbei am Teich führt der Weg in ein Wohnviertel - *Burgstraße* - *Große Gasse* - Bundesstraße rechts bis zur Ampel -

links in die *Bahnhofstraße* - am Bahnhof vorbei - 100 Meter hinter dem Bahnhof links in den *Streitgierenweg* (Radweg nach Maria Laach) - Forstwege; wenn man zurückschaut, kann man den Kühlturm des Atomkraftwerkes aus Kärlich noch erkennen - fahren zwischen den Feldern hindurch, leider führt der Weg dann ein Stück parallel zur Autobahn, die es in der Höhe von Mendig zu überqueren gilt - der Radweg (Forstweg) verläuft nun auf der anderen Seite wieder entlang zur Autobahn, aber Maria Laach ist nicht mehr weit - am Campingplatz vorbei - Touristikinformation bei der Laacher Mühle, einem Café und Restaurant: danach zwei Möglichkeiten, entweder über die Straße weiterfahren oder zwischen den Häusern (Schild „Anlieger frei") hindurch.

On the road again!

Eine originelle Touristikinformation

Ich folge der zweiten Möglichkeit, nachdem mir die Frau aus der Touristikinformation von der Gesteinsvielfalt in dieser Gegend erzählt hat, und daß man mit Glück auch den einen oder anderen funkelnden seltenen Stein hier noch finden kann. Also schlage ich den Weg zur Bimssteingrube ein. Immer geradeaus komme ich dann auf einen befestigten Waldweg und erhasche die ersten Blicke auf den unter mir liegenden Laacher See. Blau leuchtet mir das Gewässer entgegen, das sich hier vor Tausenden von Jahren gebildet hat und nun waldumgeben eine schier unglaubliche Ruhe ausstrahlt. Kein Wunder, daß sich die Mönche hier angesiedelt haben. Entlang des Waldweges stoßen wir wieder auf die Straße, der wir rechts folgen und auf der wir auf das Kloster Maria Laach zufahren.

Majestätisch und prachtvoll erhebt sich das alte ehrwürdige romanische Münster vor mir. Wer sich an den Dom zu Limburg erinnert fühlt, liegt nicht ganz falsch. Das Kloster ist ein Nachbau des Doms an der Lahn. Hinter den über 900 Jahren alten Mauern bitten die 57 Mönche und zehn Novizen um Ruhe! Schließlich ist dies ein Ort der Stille und Besinnlichkeit, die auch der Besucher genießen

57 besinnliche Mönche

Majestätisch: Kloster Maria Laach

kann. Bereits morgens um kurz nach fünf rufen die Glocken zum ersten Gebet, der Morgenhore. Und zur Eucharistiefeier um 7.30 Uhr haben sich die ersten Besucher eingefunden.

Daneben ist das Kloster aber auch - um es einmal ökonomisch auszudrücken - ein mittleres Wirtschaftsunternehmen. Die hier lebenden Mönche, die übrigens wie alle Benedikti-

Gar lustig ist das Klosterleben...

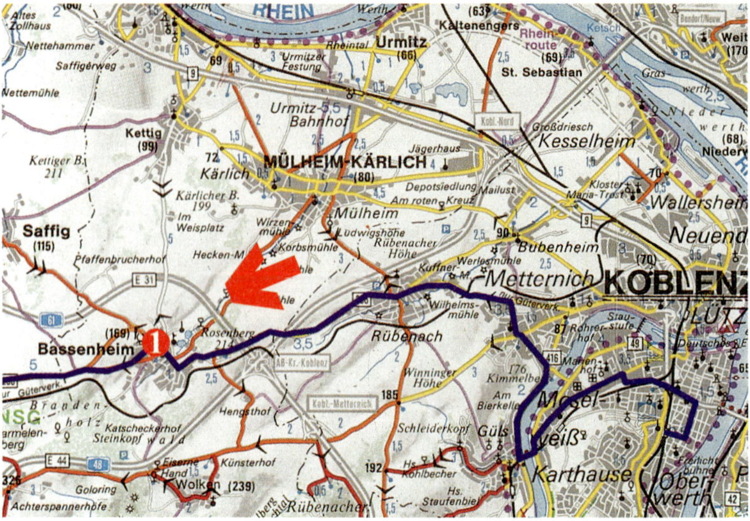

ner nicht den Anspruch stellen, Gott gefunden zu haben, sondern sich als „Gottessuchende“ verstehen, sind Gärtner, Müller, Imker, Landwirte und sogar Hoteldirektoren. Viele Besucher streben insbesondere in die klösterliche Gärtnerei, in der die hier von den Mönchen gezogene Blumenvielfalt nicht nur zu bestaunen, sondern auch zu erwerben ist. Daneben ist aber auch noch die Klostergaststätte zu erwähnen, in der insbesondere an Sonn- und Feiertagen unzählige ältere Besucherinnen und Besucher für einen reißenden Absatz an der Kuchenfront sorgen.

Ab an die Kuchenfront

Die Benediktiner, bzw. insbesondere einer von ihnen, haben sich auch um das Wohl der Bundesrepublik verdient gemacht – auch wenn er es damals noch nicht einmal ahnen konnte. Denn er versteckte den damaligen Oberbürgermeister von Köln, Konrad Adenauer, vor den Nazi-Schergen, die seiner leibhaftig werden wollten. Der Courage dieses Mönches ist es mitzuverdanken, daß der spätere Bundeskanzler jene Zeit unbeschadet überstand.

Benediktus und Konrad Adenauer

Geologisch und vulkanologisch gehören das Brohltal und der Laacher See zu den interessantesten Gebieten dieser Erde. Hier findet man erdgeschichtlich gute Beispiele für das vier Millionen Jahre alte devonische Grund-

Uraltes Gestein

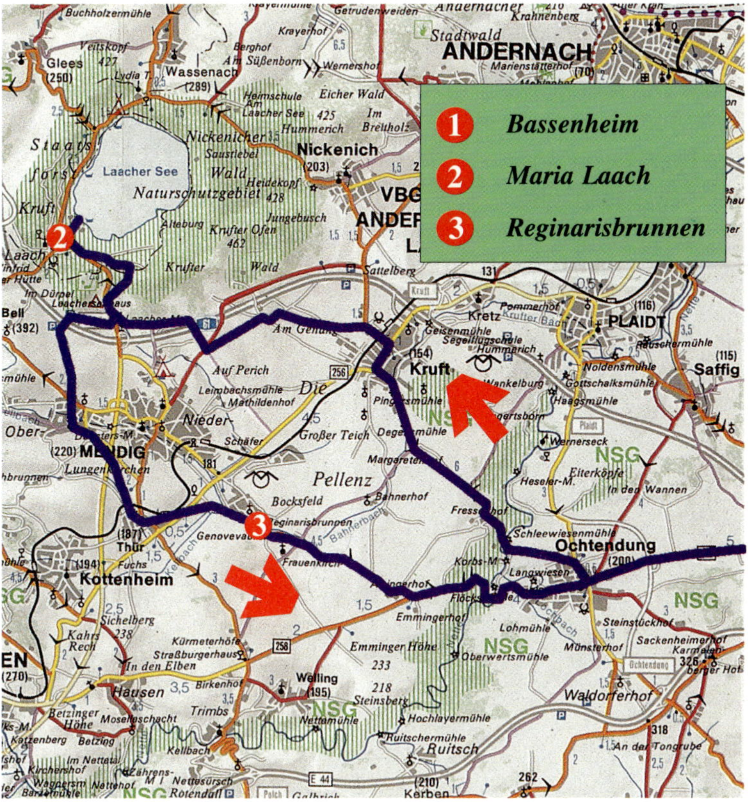

gebirge, aber auch Zeugnisse aus den Perioden des Tertiär und des Quartär. Außerdem lassen sich hier seltene Mineralien finden. Bereits im 18. Jahrhundert wurde man auf die geologische Einzigartigkeit dieses Gebiets aufmerksam und begann es wissenschaftlich zu erforschen. Zu den ersten, die hier die Pike ansetzten, gehörte auch der Dichterfürst Johann Wolfgang von Goethe.

Gewaltiger Vulkanausbruch

Der Vulkanausbruch des heutigen Laacher Sees (ca. 9070 v.Chr.) war der letzte große Vulkanausbruch in Mitteleuropa. Er beförderte nahezu doppelt so viel Material in die Luft, wie die restlichen 30 Vulkane des Gebiets zusammen. Das ganze geschah mit einer Wucht und Energie, die in etwa dem 500fachen der Atomexplosion über Hiroshima entspricht. Bis nach Norditalien soll das Gestein und Material aus dem Erdinneren geschleudert worden sein.

Auf zum See!

Doch nun hinunter zum See! Es ist noch zirka ein Kilometer bis wir das Gestade des 3,3 Quadratkilometer großen Eifelsees erreichen, an dem sich auch Freibäder befinden. Um den ganzen See führt ein Wanderweg, der in der Woche auch abgeradelt werden kann. An Wochenenden ist davon allerdings aufgrund der Heerscharen von Spaziergängern meistens abzuraten.

Zurück nach Koblenz

Etappe: Über die Laacher Mühle führt uns der Weg wieder zur Touristinformation - danach bleiben wir aber auf dem Forstweg entlang der Straße - erneut über die Autobahn hinweg nach Obermendig und dann geht's weiter nach Thür (Radwegausschilderung folgen) - Obermendig - *Molkereinstr.* am Ende links - Thür - müssen dann zur *Hauptstraße* und weiter Richtung Segelflugplatz und Reginarisbrunnen - danach folgt ein langer, anstrengender Anstieg nach Ochtendung, der sich zieht und zieht und zieht - kaum glaubt man, das Ende vor Augen zu haben, um sich ein wenig rollen zu lassen, da wartet schon der nächste Anstieg - ab Ochtendung wie Hinfahrt - Bassenheim B58 -*Walpotplatz* - Rübenach - Ausschilderung City in Koblenz - Bahnhof.

UNVERHOFFT KOMMT OFT

Eine teuflische Radtour nach Mayen

Strecke: Koblenz Hauptbahnhof - Moselufer - Rübenach - Bassenheim - Ochtendung - Mayen - Kottenheim - Thür - Ochtendung - Wolken - Koblenz.

Länge: 64 Kilometer.

Streckenbeschaffenheit: sehr anstrengend, mit vielen Steigungen und Abfahrten.

Karte: Deutsche Radtourenkarte 18 (Westerwald/Taunus) und Deutsche Radwanderkarte 17 (Eifel, Mosel, Ahrtal), Haupka-Verlag, Bad Soden/Taunus.

Nahverkehr: Buslinie 6035 Koblenz/Mayen.

„Ich komme zeitlich leider nicht dazu, die Tour zu fahren, sorry! Kann das nicht einer von euch machen?" Mit einer Leidensmiene, die dem Erlöser am Kreuze alle Ehre gemacht hätte, heischt Kollege Horst um Verständnis. Dabei wissen wir alle, daß der fußballverrückte Kollege es sich zum Ziel gesetzt hat, sämtliche Spiele seines Lieblingsbundesligavereins live mitzuerleben. Was also ist zu tun? Wir entscheiden, darum zu knobeln, wer von uns für Horst einspringt. Ich ziehe das kürzeste Holz und muß nach Mayen.

TOUR 12
Mayen

Eine nette Überraschung

Und so finde ich mich im Spätsommer unversehens an einem Tag wie jedem anderen auf dem Fahrradsattel wieder, um die Strecke Koblenz-Mayen und zurück abzufahren. Aber bekanntlich hat ja alles zwei Seiten; ich komme unverhofft in den Genuß einer schönen Radtour, die ich ansonsten wohl nicht hätte fahren können...Und auch wenn die Tour lohnend und spannend zu fahren war - an besagtem Tage selbst sollte so mancher fürchterlicher Fluch durch die Eifellandschaft hallen.

Nach Mayen? Kein Problem!

Dabei schien alles ganz einfach zu sein. Auf der Karte sah die Streckenführung ziemlich simpel aus. Da war Koblenz, dort Mayen, dazwischen die Strecke; knapp 60-70 km - kein Problem eigentlich. Und in der Tat, als ich in Koblenz hinter dem Bahnhof (rückwärtiger Ausgang) erstmal die gut befahrbare und mit Radweg versehene *Beatusstraße* entlangradele, bin ich guter Dinge, und mein Unmut über die „Zuverlässigkeit" von Kollege Horst ist zunächst verflogen. Nicht zuletzt auch deshalb, weil sich die Sonne nach längerem Zaudern nun doch endlich dazu durchgerungen hat, die lästigen Wolken beiseite zu schieben und für freundliche und warme Witterungsverhältnisse zu sorgen.

Etappe: Nach rechts in den *Bahnhofsweg*, links ab in die *Gülser Straße* (in Richtung Koblenz-Lay), bis zu ihrem Ende folgen - *Moselufer.*

Endlich an der Mosel! Und ich sollte es auskosten, so lange es geht, denn viel werde ich heute von diesem malerischen Fluß nicht sehen. Ich fahre bis zur Balduinbrücke, wechsele dort die Straßenseite und überquere die Brücke. Auf der anderen Seite angekommen, begebe ich mich gleich wieder ans Moselufer und folge parallel dem Straßenverlauf der *Winninger Straße* immer geradeaus, bis es nach links in die Rübenacher Straße (L 258) geht. Beim Edeka-Supermarkt wechsele ich auf den Radweg, der die Straße in entgegengesetzter Fahrtrichtung begleitet. Langsam aber sicher nimmt die Straße einen ansteigenden Verlauf, so daß ich mich mehr als einmal versucht fühle, meinen Drahtesel in den Straßengraben zu schleudern und einfach mit dem Bus weiterzufahren. Langsam steigt in der Erinnerung das Bild des Mannes in mir auf, der mir diese Tour eingebrockt hat und ein Gefühl, gemein-

Wut über die Steigungen

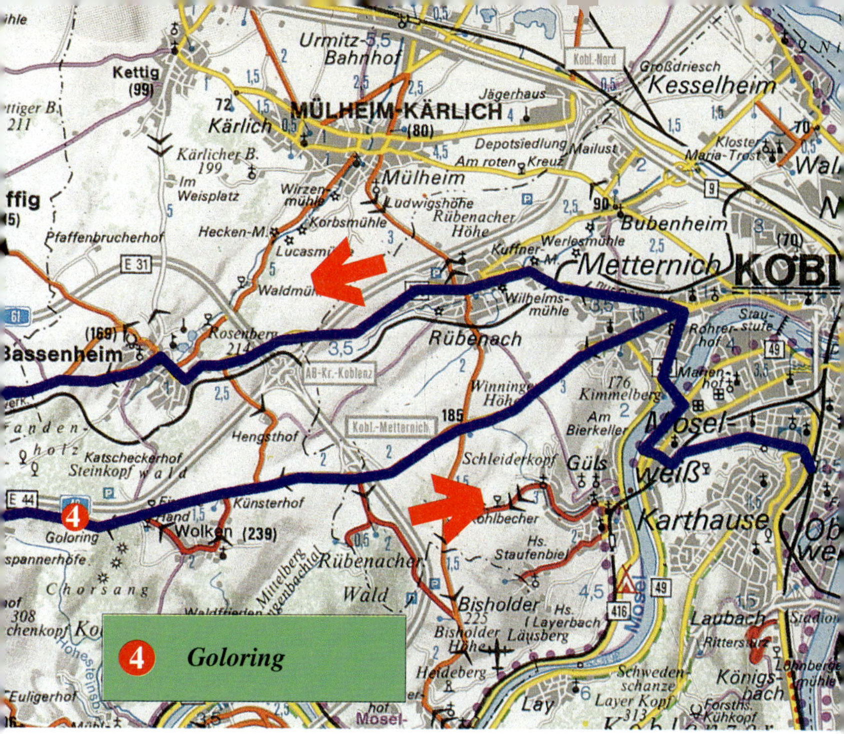

hin als Wut bekannt, baut sich in mir auf. Zwar rolle ich zwischendurch eine Abfahrt hinunter, aber keine Minute später ächze ich wieder mühevoll und schweißüberströmt den nächsten Anstieg herauf, schiebe schließlich gar und bin froh, daß mir niemand begegnet, dem meine Beschimpfungen und wilden Flüche zu Ohren kommen könnten.

Ein Fluch jagt den anderen

Etappe: Auf L258 über Rübenach und Bassenheim nach Ochtendung; hierbei einige Anstiege und auch Abfahrten, diese aber in der Relation relativ kurz.

Kurz nachdem ich Ochtendung hinter mir gelassen habe, wird mein Fahrrad auf die Nagel- sprich Bremsbelag-Probe gestellt: zwar stellt sich nun endlich der langersehnte abschüssige Streckenabschnitt ein - doch dieser windet sich in Serpentinen den Hügel hinab und - wen mag es überraschen - unvermeidlich auch auf der anderen Seite in ebensovielen Windungen ebensolang wieder hinauf. Die schwungvolle Abfahrt, die ich endlich hoffte vor mir zu haben, kann ich vergessen. Im Gegenteil, vorsichtig herunterrollen ist angesagt, immer die Hände an den Bremsgriffen- und höllisch aufpassen, daß man nicht auf die andere Fahrbahnseite abdriftet! Dadurch wird die „Abfahrt“ fast genauso anstrengend wie ein Aufstieg. Außerdem nervt der Motorradfahrer, der sich einen Spaß daraus zu machen scheint, eben jene Serpentinenstrecke zum Aus- oder Einfahren seiner Maschine zu nutzen. Oder will er mir zeigen, wie leicht und wie schnell sich diese Etappe mit einem Zweirad bewältigen läßt? Denn kaum hat er sie in der einen Richtung hinter sich gebracht, wendet er, kommt mir auf der anderen Straßenseite wieder entgegen, braust vorbei, wendet, knattert wieder haarscharf an mir vorbei, usw. Wenn ich ihn in die Finger kriegen würde, bekäme er sein Fett und das von Kollege Horst noch dazu. Immerhin, auch „Nick Knatterton“ kann mir eines nicht nehmen: nämlich das Empfinden, wie schön und idyllisch es in der Sohle dieses Serpentinentales ist: denn hier fließt ruhig und beschaulich die Nette durch den Taleinschnitt, und hätte ich etwas mehr Zeit, würde ich tatsächlich diesen Ort zu einer kleinen Verweilpause nutzen, aber ich will mir Mayen in Ruhe anschauen. Also nehme ich den Aufstieg in Angriff - immer unter dem getreuen Begleitschutz meiner motorisierten Eskorte, die nicht nur so brummt wie ein Schwarm Fliegen, sondern auch genauso lästig ist.

Eine unerwünschte Motorradeskorte

TOUR 12 Mayen

Etappe: weiter auf der L258 bis nach Mayen.

Bis ich Mayen erreiche, tut sich am Wegesrand nicht mehr allzuviel Spektakuläres, wie überhaupt die Orte, die ich bisher passiert habe, eben nicht mehr sind als nette, kleine, verschlafene Eifeldörfchen.

Aber Mayen! Das lohnt sich, das gibt und macht was her. Hier fühle ich mich spontan wohl! Schon die Meter zwischen dem ersten Ortseingangsschild und dem tatsächlichen

Die stolze Genovevaburg

Kern machen mir die Stadt sympathisch: denn endlich geht es mal wieder abwärts! Und so rolle ich denn in Mayen ein und begegne, kaum bin ich dort, schon dem ersten Zeitzeugen seiner bewegten Vergangenheit: dem Brückentor sowie dem Mühlenturm aus dem 14. Jh. Er ist ein Teil der Stadtmauer, die zu ihren besten Zeiten 1660 Meter lang war und vier Tore und sechs Türme aufwies. Überhaupt ist den Stadtvätern (und -müttern) der Übergang bzw. die Verquickung von mittelalterlicher Vergangenheit und moderner Gegenwart gut gelungen: die Innenstadt ist verkehrsberuhigt (Fußgängerzone), so daß man dort ungestört flanieren kann. Es versteht sich von selbst, daß auch ich absteige und wiedermal - schiebe.

Zeitzeugen in Mayen

So halte ich denn durch das Brückentor Einzug in Mayen, dessen Ursprünge bis auf 3000 v. Chr. zurückgehen und das seit 1291 im Besitz der Stadtrechte ist. Zunächst erregt der Kirchturm der Clemenskirche nicht mich, aber meine Aufmerksamkeit. Denn dieser wartet mit einer Besonderheit auf: er ist spiralförmig gedreht! Wie kommt es also im Falle Mayens zu einer solch auffälligen Baustruktur? Wenn man der Überlieferung glauben darf, folgendermaßen: Wie ein jeder weiß, ist der Teufel an sich

ein lebensbejahender Gesell, den Sinnesfreuden zugetan, keineswegs den Genüssen des Daseins abhold und auch sonst für jeden Spaß zu haben - einfach ein Kerl zum Pferdestehlen! Klar, daß er also sofort dafür zu haben war, als es darum ging, in Mayen ein Wirtshaus zu errichten. „Hundert pro, ich bin dabei! Und die erste Runde geht auf mich!" rief er begeistert aus und legte sich so eifrig ins Zeug wie zehn Bauarbeiter zusammen. Als es jedoch ans Eingemachte und ins finale Baustadium ging, ward er gewahr, daß man ihm da eine Kirche vorsetzen wollte - bzw. de facto dies bereits getan hatte! Vor Wut fuhr er also den Kirchturm hinauf und versuchte, diesen abzubrechen - doch der Heilige Clemens, dem der Sakralbau geweiht ist, intervenierte und verhinderte dies. So reichte des Gehörnten Kraft nur zur schiefen Drehung. Daher weist der Kirchturm zu Mayen, ein Wahrzeichen der Stadt, eine spiralförmige Drehung auf. Natürlich gibt es auch noch einige andere, sogenannte wissenschaftlich fundierte Erklärungsansätze, doch diese sind so knochentrocken, ja nachgerade langweilig, daß wir an dieser Stelle darauf verzichten wollen, sie darzureichen.

Wie der Teufel in den Kirchturm fuhr

Das im alten Rathaus von 1717 untergebrachte Verkehrsamt ist zum Zeitpunkt meines Besuches geschlossen, so daß ich mich damit begnüge, das geschmackvolle Gebäude von außen zu begutachten und dann schnurstracks weiter zur Genovevaburg zu schlendern. Dafür grüßen mich vor dem Amt zwei Steinfiguren, der Mayener Jung und das Mayener Mädchen. Letztere ist recht hübsch und hat einen Vorzug: sie (wider)spricht nicht. Oh glückliches Mayen!

Glückliches Mayen

Allein ein Besuch der Genovevaburg garantiert ein nachmittagfüllendes Programm - so vielfältig ist der Charakter dieses Festungsbauwerks aus dem Jahre 1280, das 1689 von den Franzosen niedergebrannt, später wieder aufgebaut wurde (*nicht* von den Franzosen) und schließlich seine heutige Gestalt um 1970 erhielt, die das Stadtbild prägt.

Der Marktplatz in Mayen mit der Genovevaburg im Hintergrund

Zum ersten ist die Burg ein Aussichtspunkt: vom 34 Meter hohen Goloturm aus bietet sich nämlich ein herrlicher Rundblick über die schiefergedeckte Stadt und die umliegende Hügellandschaft. Zweitens ist der Rosengarten mit dem Wehrgang ein Refugium für Romantiker, Träumer und andere Nachdenkliche, wo sich

Eine Burg zum Träumen

schonmal die Zeit vergessen läßt. Drittens - und wohl hauptsächlich - ist in der Burg das Eifeler Landschaftsmuseum eingerichtet, und wer mehr als nur flüchtiges Interesse an Zeitgeschichte hat, der sollte nun wirklich Zeit mitbringen. Denn hier finden sich vielfältige Ausstellungen: zur Besiedlungsgeschichte, zur Geologie, zur Stadtgeschichte, heimatkundliche Räume wie z.B. Handwerkerstuben, Kunst, eine Darstellung der Genoveva-Sage, der die Burg ihren Namen verdankt, und, und, und. Die Burg ist geöffnet dienstags bis freitags von 10.00 bis 12.30 und 14.00 bis 17.00 Uhr, an Wochenenden und Feiertagen von 11.00 bis 17.00 Uhr. Montags bleiben potentielle Besucher 'ante portas', denn dann sind die Pforten geschlossen. Ein besonderes Schmankerl jedoch sind die Burgfestspiele, die alljährlich im Sommer stattfinden und Besucher von überall her in den Burghof locken.

Festspiele in der Burg

Gleich neben bzw. hinter der Burg befindet sich das Obertor. In ihm ist die Stadtbücherei untergebracht, die dem amerikanischen Autor Theodore Dreiser gewidmet ist; dessen Vater war Mitte des vorigen Jahrhunderts in die U.S.A. emigriert. Und auch für mich heißt es jetzt: „Aus der Ferne höre ich eine Trompete blasen" - der Aufbruch! Wohl noch stundenlang hätte ich in Mayen verweilen können und mögen - doch es ist schon später Nachmittag. Es steht noch eine Rückfahrt nach Koblenz an, und die möchte ich nach Möglichkeit nicht in der Finsternis antreten oder beenden. Also fahre ich vom Obertor den Habsburgring herunter, komme wieder nach Beschreiben eines Halbkreises am Brückentor vorbei, wo vor so vielen Stunden meine Stadtbegehung begonnen hatte. Schade, ein richtiges Mayener Mädchen habe ich leider nicht getroffen - aber die sollen nicht nur in Mayen die Gegend und die Männer unsicher machen...

Der Aufbruch

Etappe: nach rechts in Straße *Im Trinnel*, bis zum Ende folgen, nach links in *St.-Veit-Straße*, diese führt aufwärts und mündet schließ-

lich in die *Koblenzer Straße*, die wir noch von der Hinfahrt kennen - weiter auf *Koblenzer Straße*, nach links auf L 256 abbiegen und Beschilderung Kottenheim/Ettringen folgen (abschüssige Fahrt) - an Thür vorbei, das links liegen bleibt - weiter der Straße folgen, die nun wieder leicht ansteigt - auf dem Kamm dieser Straße geht es nun rechts ab der Beschilderung Ochtendung/Reginarisbrunnen nach.

Den Schornstein der Fabrik sieht man schon von weitem; schließlich taucht ein gelbes

Ortseingangsschild auf - nur, soll das allen Ernstes ein „Ort“ , eine Siedlung sein, oder besteht sie nur aus der Mineralwasserfirma? Wie auch immer, so schnell nach Ankunft in einem Ort ist mir in der Tat auch noch nie das „Orts“ ausgangsschild begegnet! Und Wasser war noch nie mein Lieblingsgetränk. Also kein Verlust. In unmittelbarer Nähe befindet sich auch ein Wegekreuz von 1674, und kurz darauf taucht eine Kirche sozusagen mitten auf freiem Feld auf: die Frauenkirch. Mal sehen, was sich dahinter verbirgt: soviel Zeit muß sein. Also: ein kleiner Abstecher nach rechts und schon - bin ich in einem Wildwestfilm? Ein bißchen fühle ich mich an Dodge City erinnert, oder um eineinhalb Jahrhunderte zurückversetzt. Hinter der Kirche, die von einem bäuerlichen Anwesen umgeben ist, sind wahrhaftig zwei Pferde festgemacht! Ich wundere mich und bin verunsichert. Befinde ich mich möglicherweise auf Privatgelände und habe im nächsten Moment einen Dobermann oder Rottweiler an der Gurgel? Kommt Marshal Matt Dillon um die Ecke, um mich wegen unerlaubten Grundstücksbetretens ins Gefängnis zu stecken? Oder noch schlimmer: Erscheinen kleine Mädchen, um ihre vierbeinigen Freunde zu hegen und zu striegeln? Kurzerhand betrete ich den Sakralbau. In einer Kirche ist man sicher. Ich kann mir kaum vorstellen, daß diese noch regelmäßig genutzt wird: sie wirkt ziemlich verwaist, einige der Kniebänke sind umgedreht auf die gegenüberliegenden Reihen gestellt worden; neben dem Portal, das aufgrund seiner Größe wie der „Haupteingang“ wirkt, steht fast versteckt eine unscheinbare Tafel mit Dankbarkeitsbekundungen wie „Maria hat geholfen“ u.ä.; gegenüberliegend und gleich rechts von der Tür, durch die ich die Kapelle betreten habe, entdecke ich dann einen allerdings verhältnismäßig aufwendigen, mit vielen Schnörkeln versehenen Schnitzaltar. Genauso ratlos, wie ich das Gotteshaus betreten habe, verlasse ich es wieder, um meine Reise fortzusetzen.

Wasser? Nein, danke!

Matt Dillon läßt grüßen

Ratlos in der Kirche

Etappe: Zurück auf die Zubringerstraße zur Kirche, rechts ab, weiter der Straße folgen (leichtes auf und ab), bis zur Gabel, dann links.

Irgendwie habe ich das Gefühl: das kennst du doch. Schon nach wenigen Metern habe ich dann Gewißheit: es kündigt sich ein Gefälle von 12 % an, es geht in Serpentinen abwärts und gegenüber hinauf - nur daß ich bei der ersten Begegnung aus der anderen Richtung gekommen bin, und daß der Motorradfahrer inzwischen auch nicht mehr da ist! Und wieder hallen Flüche durch die Eifellandschaft, während ich mit zitternden Knien mein Rad entlaste und - schiebe.

Wer einmal schiebt...

Etappe: Weiter bis Ochtendung - in Ochtendung nach rechts in die *Oberpfortstraße* Richtung Waldorfer Höfe - sachter bis mittlerer Anstieg, der zwar nicht übermäßig steil ist, aber sich zieht wie Kaugummi - an der Kurve der rechts abknickenden Straße mit dem Pfeil Waldorfer Höfe weiter folgen, an der Kirche dem halblinks abbiegenden Weg nachfahren (leichter Anstieg) bis zur Mündung in die Landstraße - rechts ab Richtung Kobern-Gondorf - unter der Autobahn hindurch, dann rechts der Ausschilderung Koblenz 13 km/ Wolken 5 km folgen.

Und schon wieder eine Bauernsiedlung: die Achterspannerhöfe. Nichts, was mich veranlassen würde, anzuhalten, und so fahre ich munter weiter. Rechter Hand befindet sich ein Bodendenkmal: der Goloring. Hierbei handelt es sich um eine Graben- und Wallanlage, besser gesagt, eine Kult- und Weihestätte aus grauer Vorzeit: Odin läßt grüßen! Archäologische Funde, die bis 1100 v. Chr. zurückreichen, wurden hier gemacht und bezeugen die heidnischen Aktivitäten unserer Vorfahren. Welche kultischen Handlungen hier genau vollzogen wurden, ist nicht mit abschließender Sicherheit geklärt - Totenkult, Fruchtbarkeitskult, aber auch eine Nutzung zu astronomischen Zwecken ist denkbar. Insgesamt umfaßt der

Odins Kult- und Weihestätte

Goloring einen Durchmesser von 190 Metern. Und ist nicht zugänglich, weil von Maschendraht eingezäunt! Dahinter befindet sich nämlich die Ausbildungsstätte für die Hundestaffel der Bundeswehr. Mit anderen Worten, ein Stück Kulturgeschichte geht buchstäblich vor die Hunde! Aus Wut und Frust trete ich trotz der Abschüssigkeit der Strecke richtig in die Pedale. Am Fußpunkt der Senke angekommen, erreiche ich den Ortseingang nach Wolken. Rechts eine Kapelle aus dem Jahre 1826, befindet sich auf der gegenüberliegenden Straßenseite eine Einkehrmöglichkeit, die „Eiserne Hand“. Aber so sehr mich auch Hunger und Durst plagen, die rosarote Neonbeleuchtung und der Schriftzug „Bar“, lassen bei mir Gefühle aufkommen, die mich veranlassen, doch lieber weiterzufahren - nein, das bringt heute nichts, dazu bin ich zu kaputt. Vielleicht tut sich ja noch etwas Gediegeneres auf. Ein Anstieg noch, über die Kuppe, die Straßenführung senkt sich wieder - und siehe da, das ist doch schon vertrauenerweckender! Am Wegesrand befindet sich das Restaurant Lingerhand. Aber jetzt bin ich schon so weit vorgedrungen, da hebe ich mir die Stärkung bis Koblenz auf und verzichte schweren Herzens auf eine Einkehr, so verlockend es auch sein mag. Grosse Anstrengungen harren meiner jetzt ohnehin nicht mehr - wo es nicht eben weitergeht, geht es abwärts, und schließlich komme ich an die Einmündung zur L258. Hier geht es rechts ab, und von hier folge ich dem Weg zurück nach Koblenz, den ich schon auf der Hinfahrt genommen habe.

Rosarote Perspektiven

Es geht abwärts

Zurück in Koblenz ist mein Groll gegen Kollege Horst fast verraucht. Eine abwechslungsreiche Tour hat mich dafür entschädigt. Als ich den Bahnhof erreiche, beginnt es zu regnen. Handtellergroße Wassertropfen fallen vom Himmel, aber mich kann das nicht stören. Um ein Erlebnis reicher, kehre ich nach Hause zurück.

"WIR BLEIBEN UNTER UNS"

Eine Herrentour nach Remagen

Strecke: Koblenz Hbf - Kaltenengers - Weissenthurm - Andernach - Bad Breisig - Kripp - Remagen.

Länge: 47 km (mit Rückfahrt 94 km).

Streckenbeschaffenheit: eben.

Karte: Deutsche Radtourenkarte 18 (Westerwald/Taunus) und Deutsche Radtourenkarte 17 (Eifel/Mosel/Ahrtal), Haupka-Verlag, Bad Soden/Taunus.

Nahverkehr: DB Koblenz-Remagen.

Eine Schnapsidee, im wahrsten Sinne des Wortes. Wer würde am Sonntagmorgen freiwillig um 8.00 Uhr zu einer Fahrradtour nach Remagen starten? Tatsächlich haben wir uns gestern am späten Abend entschieden, heute etwas für unsere Fitneß zu tun und eine schöne und ausgedehnte Radtour mit unserem Stammtisch zu unternehmen. Unsere Frauen, haben wir entschieden, bleiben zu Hause, denn wir wollen mal so richtig „Dampf machen" und „full power" bis nach Remagen fahren. Dort wollen wir frühstücken und dann zurück nach Koblenz radeln. Zum Mittagessen sind wir garantiert wieder zu Hause.

Wie verabredet, bin ich rechtzeitig an unserem Treffpunkt am Hauptbahnhof. Heinz und Claus sind bereits da. Dort hinten sehe ich auch die kompakte Silhouette von Peter auf seinem stabilen Mountainbike. Kaum ist er bei uns angelangt, erreicht uns schon die erste Hiobsbotschaft. „Georg kommt nicht", richtet Peter aus. „Er ist gerade auf Tour." Wir anderen nikken und sind nicht sonderlich überrascht. Jetzt heißt es warten. Wer fehlt noch? Dort drüben kommen auch Günter und Rolf. Letzteren erkennt man schon von weitem an der Qualmwolke, die den passionierten Pfeifenraucher umgibt. Jetzt fehlt nur noch Horst. Wir geben ihm noch eine Viertelstunde. Als er dann noch nicht da ist, radeln wir ohne ihn los.

Der Trupp sammelt sich

Etappe: Koblenz Hbf - *Markenbildchenweg* - Balduinbrücke - *Brender Weg* - rechts in die *Gartenstr.* - links *Neuendorferstr.* - Richtung Sportplatz rechts in den *Schartwiesenweg* (Hinweisschildern zum Sportplatz und den grünen Radwegeschildern folgen) - in einer scharfen Linkskurve am Sportplatz vorbei - geradeaus auf den Rhein zu - *Am Ufer*.

Als wir die Balduinbrücke überqueren, hält dieses Bollwerk unserer teilweise doch recht gewichtigen Karawane stand. Günter, der fast alles weiß, kann auch zur Balduinbrücke eine Geschichte erzählen, die wir anderen begierig in uns aufnehmen.

Der Bau der Balduinbrücke

Der Sage nach soll Erzbischof Balduin von Trier beim Bau der Brücke zunächst große Probleme gehabt und bekommen haben. Immer wieder nämlich riß die Mosel, ergrimmt über derart lästige und ungewohnte Hindernisse, die Brückenfundamente, zumal auf der linken Seite, mit sich fort. Balduin wollte das nicht wahrhaben und trug sich vor schierer Verzweiflung sogar mit Selbstmordgedanken.

So geschah es, daß eines Tages durch ein Hochwasser die Bauarbeiten der letzten Wochen wieder von der Strömung zerstört worden waren. Balduin saß mißmutig in seiner Burg, starrte grollend auf das Desaster hinab und bemerkte so sinnierend nicht, wie die Dämmerung hereinbrach. Allzusehr war er mit der Lösung seines Brückenproblems beschäftigt, als daß er gemerkt hätte, daß sich plötzlich außer ihm noch jemand im Raum befand. Da spürte er eine Hand, die sich sachte auf seine Schulter legte und erkannte den Widersacher, wie er mit dem Pferdefuß, Hörnern und Schweif im wahrsten Sinne des Wortes diabolisch lächelnd hinter ihm stand. „Gott zum Gruße, lieber Bischof", ließ sich der Höllenfürst vernehmen. Schon wollte der Bischof aufspringen, um den teuflischen Gast mit einem frommen Spruch wie „Der Herr sei mit uns!" oder „Gott vergibt, die Kirche nie!" zu exorzieren, als ihn der Erzfeind fest am Handgelenk ergriff. „Laß den Unsinn, Bischof. Bin ich doch gekommen, um dir zu helfen. Auch wenn du es nicht glauben magst, ich habe dich lieb gewonnen. Bist du doch ein anderer Geselle als das Lumpenpack, mit dem ich mich gemeinhin bei mir zu Hause herumschlagen muß. Ich sage dir was, warum soll nicht auch einmal der Teufel Gutes tun. Ich baue dir deine Brücke so stark und fest wie keine andere sonst und verzichte auf jedwede Gegenleistung; ja, selbst die Seele, die mir ansonsten von rechtswegen für solcherart Leistungen zusteht, magst du behalten. Mir genügt allein das Bewußtsein, dir wackerem Manne geholfen zu haben." So sprach der Versucher und eigentlich sprach er nicht schlecht. Doch Balduin war ein gottergebener, superfrommer Christ, der die Hilfe jeglichen Bösens verschmähte und dem ein solcher Baumeister mehr als suspekt war. „Hebe dich hinweg von mir!" donnerte der Bischof den Antichristen an und hielt dem Arglistigen das Kreuz unter die Nase. Da gab es ein gewaltiges Getöse und Rumoren, und mit fürchterlichem Gebrüll und unter Entwicklung eines übelriechenden Schwefel- Gasgemisches verließ der Gehörnte seinen Gastgeber. Hustend und prustend und mit tränenden Augen ging Balduin zu Bett. Im Traume erschien ihm da seine Brücke, wie sie fertig und fest im Moselbette stand. Nur, daß die Pfeiler der linken Seite mehr seitwärts versetzt waren als bisher geplant und dadurch eine Krümmung des ganzen Baus bewirkten - und doch, die Brücke stand. Das also war des Pudels Kern! Schon am nächsten Tag gab der Bischof Befehl, die Baupläne entsprechend zu ändern.

Der Widersacher schlägt zu

Der Erzbischof schlägt zurück

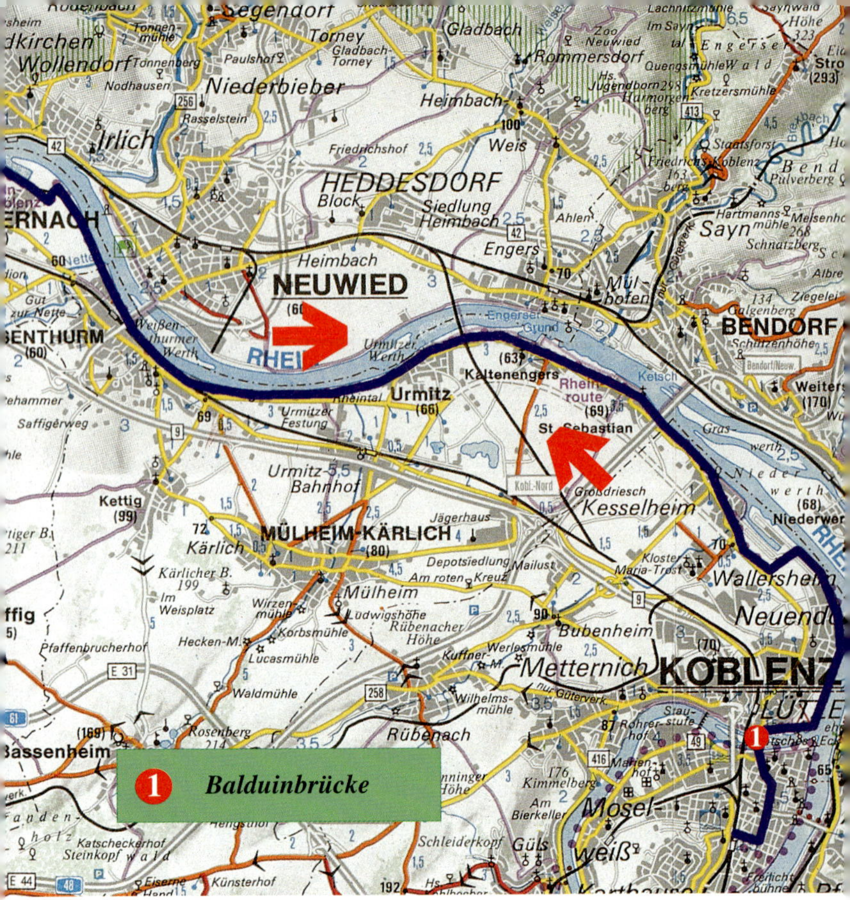

„In God we trust!“

Den Traum aber hatte ihm Gott eingegeben. Und dessen Werbespruch für das älteste Architekturbüro der Welt hatte nicht zuviel versprochen: „In God we trust!“

Die Fahrrad-lokomotive

Günter hat ziemlich lang erzählt und ist vom vielen Sprechen ein wenig kurzatmig. Da sich aber unser Tempo schon nach den ersten Kilometern deutlich verringert hat, kann er noch mithalten. Rolf hat sich ein bißchen vom Pulk abgesetzt. Wie eine Dampflokomotive fährt er schmauchend vor uns her und hüllt sich und uns in „American Blend“ ein.

Etappe: Am Containerhafen scharf links auf die *Fritz-Ludwig-Str.* - rechts in die *Hans-Richter-Str.* - an der nächsten Kreuzung wieder rechts den Schildern des Radweges folgen - links *Kurfürst-Schönborn-Str.* - am Ende der

Industrieanlagen führt ein kleiner Weg zum Rhein hinunter - dann links am Rheinufer entlang - Kesselheim - Kaltenengers (Beschreibung Tour 6).

So langsam muß ich feststellen, daß mich bereits jetzt die Kräfte und damit der anfängliche Enthusiasmus verlassen, obwohl der Weg bequem zu fahren ist und die Landschaft des Rheintals eine wunderschöne Kulisse für eine Radtour abgibt. Aber der gestrige Abend war wohl zu lang. Außerdem habe ich Kopfschmerzen. „Eine tolle Tour", meint da Claus. „Auf jeden Fall. War eine gute Idee", höre ich Heinz. „Ja, macht echt Spaß", stimme auch ich zu und glaube keinem ein Wort.

Freunde unter sich

Etappe: Vom Radweg am Rhein weg - *Auf der Obermark - Rheinuferstr.* - geht über in einen landwirtschaftlichen Weg durch Felder - kurz vor der Eisenbahnbrücke darauf achten, daß der Radweg an der Rampe zum Rhein hinunter weitergeht - am Kühlturm des Kernkraftwerkes Mülheim-Kärlich vorbei - Radweg mündet in eine Autostraße - am Sportplatz vorbei durch Hafengelände - kurz vor der Brücke wieder am Rhein entlang - Unterqueren der Brücke nach Neuwied - Weißenthurm - am Rhein entlang bis zu den Industrieanlagen - dem gelb-schwarzen Radwegeschild folgen - links Richtung Stadtmitte durch das Werksgelände - der Straße folgen, scharfe Rechtskurve, dann geradeaus bis zu den Krananlagen der Stadtwerke Andernach - Schilder weisen den Radweg Richtung Bonn nach links aus - nach wenigen hundert Metern stoßen wir auf die *Koblenzer Str.* - rechts nach Andernach.

Am Rhein entlang nach Andernach

Die Fahrt durch das Industriegebiet kurz vor Andernach macht Claus schwer zu schaffen. Erst vor einer Woche hat er sich eine teure neue Fahrradausrüstung geholt. Und zu Beginn unserer Tour glänzten sein Titan-Rad und sein gelbes Seidentrikot noch stolz in der Sonne. Jetzt ist alles voller Staub, und fluchend steigt

Gestreßt vom Staub

Claus alle paar Meter ab, um sich und sein Fahrrad zu reinigen. Auch Heinz, der ganz in Schwarz angetreten ist, sieht mit einemmal grau aus. Wir beschließen, in Andernach die erste Pause einzulegen (Beschreibung Andernach siehe Tour 6).

Etappe: *Koblenzer Str.* - vorbei am Koblenzer Tor - halblinks *Konrad-Adenauer-Allee* - Rheinpromenade Andernach.

Naßgeschwitzt und mit zitternden Knien steigen die meisten von uns vom Rad und freuen sich auf die kühle Erfrischung, die wir auf der Terrasse in einer der gepflegten Gaststätten am Rheinufer einnehmen. Nur Peter zeigt sich nach außen unbeeindruckt. „Ich habe noch soviel Kraft, ich könnte in einer halben Stunde nach Koblenz und wieder zurück nach Andernach laufen“, erklärt er lapidar und knufft Rolf wie zum Beweis seiner „manpower“ mit der Faust so fest auf den Oberarm, daß diesem die Pfeife aus der Hand fällt. Wie immer glauben wir Peter keine Silbe.

Baron Münchhausen persönlich

Etappe: Alter Krahnen - links den Schildern Radweg Brohl folgen - eine Treppe hinauf - Überqueren der Straße - auf der anderen Seite den Radwegeschildern folgen - einen schlüpfrigen Kopfsteinpflasterweg hinauf - Unterqueren der Bundesbahn - in einem Rechts-Links-Schwenk auf den Radweg parallel zur Bundesbahn - Namedy - *Hauptstr.* - Burg Namedy (Beschreibung siehe Tour 6) - Radweg nun durch Wiesen und Plantagen - dann rechts durch eine Bahnunterführung - links parallel zur Autostraße - Brohl-Lützing - am Ortsausgang Überqueren der B9, weiter auf deren rechter Seite - teils separater Radweg, aber bis Bad Breisig ungemütliche Fahrt entlang der B9 - am Ortseingang Bad Breisig rechts den Schildern zur Autofähre folgen, die uns zurück zum Rhein bringen - Radweg am Rhein entlang.

Wir fahren in Bad Breisig am Thermalhallenbad vorbei. Drei Thermalquellen mit ei-

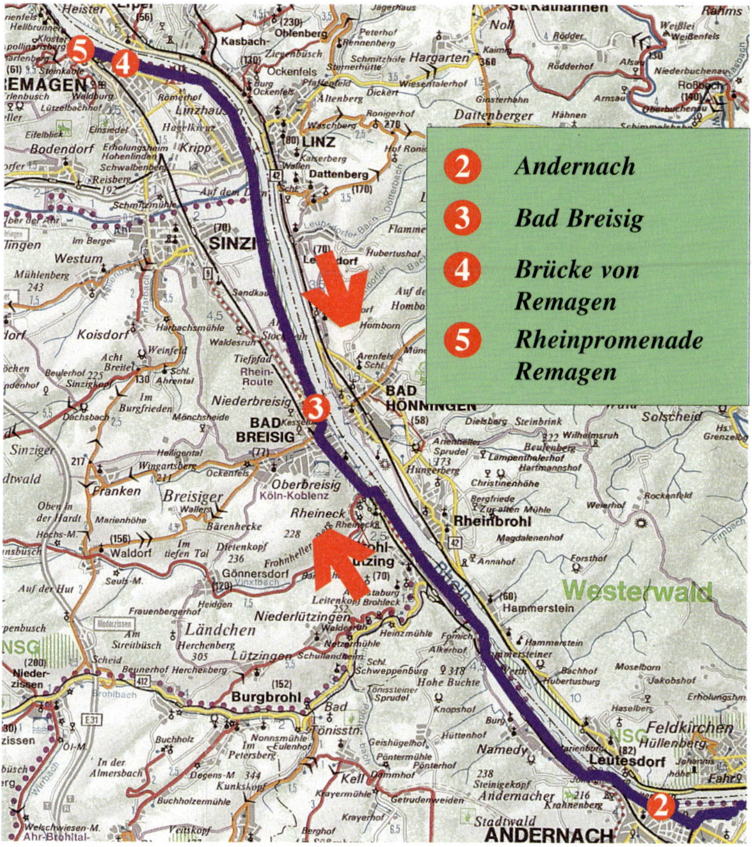

ner Temperatur von 28-30 C° helfen hier bei Rheuma, Herz- Kreislaufstörungen, Nieren- und Stoffwechselerkrankungen. „Willst du nicht gleich hierbleiben?“ revanchiert sich Rolf bei dem verdutzten Peter.

Das Heilbad gegen Krankheiten

An der schönen Rheinpromenade von Bad Breisig (Fußgängerzone) müssen wir absteigen und schieben, was mir nicht unlieb ist, denn mein verlängerter Rücken kann eine Pause gebrauchen. Verlockend ist die Reihe von Gaststätten, die zum Verweilen und zu einem kühlen Trunk einlädt: Namen wie „Alter Zollhof“ oder „Hotel Rheinzauber“ verfehlen auf uns ihre Wirkung nicht. Wir stellen unsere Räder ab und geben gerne der Versuchung nach. Mittlerweile ist es Mittag und die Sonne brennt unerbittlich auf unsere nicht nur von der Anstrengung erhitzten Köpfe herab. Wir verlassen Bad Breisig auf dem Radweg am Rhein entlang. Schon nach wenigen hundert Metern erscheint am Wegesrand ein Zwerg, der nach rechts deutet und ein Schild in der Hand hält mit der Aufschrift: „Märchenwald". „Wär' das nichts für dich, Peter?" fragt Heinz. Peter murmelt eine zum Glück unverständliche Antwort in seinen Bart. Wir andern lachen und sind gut drauf. Die Pausen haben ihre Wirkung nicht verfehlt.

Märchenwald am Rhein

Etappe: Ahrmündung - Kripp - Remagen.

Wir fahren über eine Holzbrücke über die Ahr, die hier in den Rhein mündet. Daß man dabei vorsichtig zu Werke gehen und nicht rasen sollte, beweist uns Heinz. So richtig mit Speed fährt er den Brückensteg hinauf, gerät mit seinen schmalen Reifen zwischen die Planken - und fällt der Länge nach hin. Zum Glück ist nichts passiert. Nur eine leichte Prellung des rechten Oberarms. „Vielleicht solltest du in Remagen mal die Fahrradakademie von Rudi Altig besuchen. Könnte nicht schaden." Statt Mitleid erntet Heinz nur Hohn und Spott. Dann halten wir über Kripp erschöpft Einzug in Remagen.

Rudi Altig in der Schauff-Fahrrad-akademie in Remagen

Hier fallen uns sofort die beiden schwarz und ziemlich düster dreinschauenden Türme der weltbekannten Brücke von Remagen auf. Als Eisenbahnbrücke wurde sie während des Ersten Weltkrieges gebaut, um zügigere Truppenbewegungen zu ermöglichen. Die Brücke war 320 Meter lang und galt mit ihrem fast 30 Meter hohen Bogen als eine der schönsten Stahlbrücken über dem Rhein. Berühmt wurde sie dann gegen Ende des Zweiten Weltkrieges, als amerikanische Soldaten diese letzte intakte Rheinbrücke am 7. März 1945 erobern konnten. Zuvor waren zwei Sprengversuche deutscher Verteidiger fehlgeschlagen. Am 17. März 1945 stürzte die Brücke wegen Überbelastung ein. Dabei fanden 28 amerikanische Soldaten den Tod. Seit 1980 befindet sich in den Brückentürmen ein Friedensmuseum, das

Die Brücke von Remagen

durch den Verkauf von Brückensteinen als Briefbeschwerer finanziert wurde. Im Innern sind Photos und Dokumente vom Bau der Ludendorff-Brücke und von den Zerstörungen und schrecklichen Folgen des 2. Weltkrieges für die Stadt Remagen ausgestellt. Diesem Museum schließt sich eine Ausstellung über sämtliche Friedensnobelpreisträger an. Das Museum ist von März bis November täglich von 10 - 17 Uhr geöffnet.

An der berühmtem Brücke von Remagen

Der Gang durch diese historische Stätte hat uns beeindruckt. Günter möchte jetzt noch zur Apollinariskirche radeln, um den Reliquienschrein mit dem Haupt des Heiligen Apollinaris zu besichtigen. Diese Reliquie, so weiß Günter, kam 1164 nach Remagen. Erzbischof Rainald von Dassel soll bei seiner Rückkehr aus dem Heiligen Land die Gebeine des Märtyrers mit an Bord geführt haben. Bei Remagen, so die Sage, konnte des Bischofs Schiff erst weiterbewegt werden, als die Gebeine des Apollinaris an Land gebracht wurden. Im heutigen neugotischen Gotteshaus aus den Jahren 1839-42, das in Anlehnung an den Kölner Dom errichtet wurde, befindet sich allerdings

Der Märtyrer in der Wallfahrtskirche

nur noch der Kopf des Heiligen. Alle anderen Teile des Märtyrers gingen durch Krieg und Raub verloren. Wir alle möchten gern den Märtyrerkopf und die schöne Apollinariaskirche sehen, aber es ist schon Nachmittag. Bereits für den Vormittag hatten wir im Re-

Remagen mit Rheintal und Apollinariskirche

staurant „Da Franco" auf der hübschen Remagener Rheinpromenade einen Tisch reservieren lassen und der ist jetzt bestimmt schon besetzt. Denn bei dem schönem Wetter sind viele Ausflügler unterwegs. Doch was ist das? Auf der Terrasse des „Da Franco" ist tatsächlich noch ein einziger Tisch frei. Wir schauen genauer hin. Auf dem Tisch steht ein Schild: „Reserviert, denn: Wir bleiben unter uns!" Das ist doch nicht möglich, wo kommt denn das her? Da tritt tatsächlich Horst aus dem Restaurant. Er ist mit dem Auto nach Remagen gefahren, hat den Tisch reserviert und die Stellung gehalten. „Was wärt ihr ohne mich", strahlt er uns an und wir anderen müssen ihm recht geben.

Unverhofftes Wiedersehen

Mit einer fröhlichen Wiedersehensfeier endet unsere Tour am späten Abend. Zurück nach Koblenz fahren wir vorsichtshalber mit der Bahn. Nur Horst nimmt ein Taxi.

UND EWIG LOCKT DAS WEIB

Den Rhein hinauf zur Loreley

Strecke: Koblenz Hbf - Schloß Stolzenfels - Rhens - Spay - Boppard - Bad Salzig - Hirzenach - St. Goar - St. Goarshausen - Loreley - St. Goarshausen (Rückfahrt mit DB).

Länge: 40 km bis zur Loreley (80 km gesamt).

Streckenbeschaffenheit: insgesamt eben; kurzere steilere Anstiege zum Schloß Stolzenfels und zum Rhenser Königsstuhl.

Karte: Deutsche Radtourenkarte 18 (Westerwald/Taunus), Haupka Verlag, Bad Soden/Taunus.

Nahverkehr: DB Koblenz Hbf Richtung Mainz über Rhens, Boppard nach St. Goar; DB Sankt Goarshausen Richtung Koblenz über Kamp-Bornhofen, Braubach, Lahnstein.

Die Loreley und die Rheinromantik

Clemens Brentano hat sie erfunden, Heinrich Heine machte sie durch sein Gedicht, vertont von Friedrich Silcher, weltberühmt: das schöne, blonde, jungfräuliche Gift namens Loreley, die die Rheinkapitäne mit ihrem betörenden Gesang gleich reihenweise auf Grund laufen ließ. Die Loreley ist zweifellos das herausragende Symbol der Rheinromantik, die sich im 19. Jahrhundert entwikkelte. Sagen, Burgen, Wein, deutsche Geschichte - das alles findet sich speziell zwischen Koblenz und Bingen in geballter Form, die Loreley mittendrin; der romantische Rhein. „Ich weiß nicht, was soll es bedeuten...“, meinte schon Heinrich Heine. Schauen wir mal!

Etappe: Am Hauptbahnhof nach rechts auf die

Neversstraße - Hohenzollernstraße überqueren - geradeaus in die *Ludwigstraße*, die sich am Ende zum Radweg verengt - *Mainzer Straße* überqueren und vorbei am Kaiserin-Augusta-Denkmal von 1896 zum Rhein - nach rechts durch die Kaiserin-Augusta-Anlagen - vor der Brücke nach Oberwerth den Radweg rechts hoch zur *Mainzer Straße* - nach links und kurz darauf wieder links auf der *Mozartstraße* über die Brücke (Radweg „Rhens") - *den Mozartplatz* überqueren - in die *Beethovenstraße* - am Beethovenplatz dann nach rechts in die Straße *Rheinau* - an deren Ende geradeaus unter den Brücken durch (Radweg „Rhens/Stolzenfels") - an der Königsbacher Brauerei vorbei - in Kapellen-Stolzenfels in Höhe der Fähre nach Lahnstein nach rechts unter der Bahnstrecke durch (Radweg „Schloß Stolzenfels") - auf der *Rhenser Straße* nach rechts weiter - nach links den *Schloßweg* hinauf.

Kaiserin Augusta: die Schöpferin der Rheinanlagen

Breit und mächtig thront Schloß Stolzenfels über dem kleinen Koblenzer Stadtteil. Die Anlage wurde zwischen 1836 und 1842 im Auftrag des preußischen Königs Friedrich Wilhelm IV. nach Entwürfen von Karl-Friedrich Schinkel, Johann Claudius von Lassaulx und L.Persius im neugotischen Stil errichtet. Die Architekten integrierten verschiedene Reste der kurtrierischen Burg, die vom 13. Jahrhundert bis zu ihrer Zerstörung im Jahre 1689 diese Höhe beherrschte, in den heutigen Neubau - der Bergfried ist der auffälligste Altbestand.

Öffnungszeiten Schloß Stolzenfels: vom 1.1.bis zum Sonntag vor Ostern sowie vom 1.10. bis 30.11. von 9-16 Uhr, von Ostern bis zum 30.9. von 9-17.15 Uhr (Montags und im Dezember geschlossen). Eintrittspreise (inklusive Führung): 5 DM (Erwachsene), 2 DM (Kind)

Die Straße windet sich - oh Serpentine - durch den Wald zum Schloß hinauf. Knapp unterhalb der Kuppe passiere ich noch die „Klause", die ehemaligen Stallungen, dann bin ich oben angelangt.

Die Besichtigung offenbart wahrhaft Erstaunliches: Haben Preußen, die Liebhaber des Marschierens und Schießens, etwa doch Gefühle? Das Schloß ist ein Sproß der seit Anfang des 19. Jahrhunderts grassierenden Rheinromantik; seine Gestaltung und Einrichtung ist - vom Rittersaal bis zum Burghof - die Ver-

Das mächtige Schloß Stolzenfels

wirklichung der romantisch-kitschigen Vorstellung, wie die mittelalterlichen Burgherren gelebt haben sollen. Mit der rauhen Wirklichkeit hat das allerdings wenig zu tun: Burgen hatten damals eine militärische und wirtschaftliche Funktion, für das Spielen im Lustgarten blieb da keine Zeit. Der Blick vom preußischen Traumschloß ins Rheintal ist prächtig.

Ein preußisches Traumschloß

Etappe: Zurück zum Radweg am Rhein - nach rechts Richtung Rhens - vorbei am Haupteingang der „Rhenser Mineralbrunnen" - in Rhens in Höhe der Anlegestelle der Köln-Düsseldorfer rechts durch das Tor (Hochwassermarken) und unter der Eisenbahnbrücke durch - die *Josefstraße* geradeaus hinauf - nach rechts auf die *Koblenzer Straße* - links *Waldescher Straße* (Hinweisschild „Königsstuhl").

Den sechs Meter hohen, kanzleiartigen und geschichtsträchtigen Königsstuhl fest im Blick, kämpfe ich mich die Straße hoch. Dabei hätte ich es viel einfacher haben können - jedenfalls bis zum Jahr 1929. Bis zu diesem Zeitpunkt stand der Königsstuhl noch direkt am Rhein, dort, wo seitdem die Firma „Rhenser Mineralbrunnen" ihren Sitz hat.

Am Rhenser Königsstuhl

Rhens, das damals zum Kurfürstentum Trier gehörte, war im Spätmittelalter Schauplatz wichtiger geschichtlicher Ereignisse: Hier traten im 14. und 15. Jahrhundert die sieben Kurfürsten des „Heiligen Römischen Reiches Deutscher Nation“ mehrmals zusammen, um den deutschen König und Kaiser zu wählen. Erstmals geschah dies im Jahre 1346 mit Karl IV. Dieser veranlaßte schließlich 1376 den Bau des Königsstuhls, um der Erhebung zum Herrscher einen symbolträchtigen Rahmen zu geben. Schon ein paar Jahrzehnte zuvor, im Jahre 1338, hatten die Kurfürsten den „Kurverein zu Rhense“ gegründet und festgelegt, daß ihre Königswahl nicht mehr der Bestätigung durch den Papst bedurfte - ein bedeutender Schritt zur Befreiung des Reiches vom Einfluß Roms.

Im Jahre 1795 fiel der Königsstuhl der enormen Zerstörungsfreude der französischen Revolutionstruppen zum Opfer. Johann Claudius von Lassaulx, Co-Architekt von Schloß Stolzenfels, baute ihn, unter Verwendung der verbliebenen Reste, 1842 wieder auf. Auf dem Königsstuhl erhielten lange Zeit die Koblenzer Bürgermeister die Amtskette verliehen. Die Aussicht von hier ist fabelhaft!

Ich rausche die *Waldescher Straße* wieder hinunter und biege dann nach rechts auf die *Koblenzer Straße* ab. Am Rathausplatz in der sehr ansehnlichen Ortsmitte sind einige sehr schöne, rote Fachwerkhäuser aus dem 16. bis 18. Jahrhundert versammelt. Nein, haben Sie keine Angst, es liegt nicht an Ihren Augen: Die Häuser sind wirklich so schräg!

Etappe: Am Rathaus nach links in die *Langstraße* und geradeaus durch die Altstadt hinunter zum Rhein - nach rechts weiter in Richtung Spay/Boppard - Spay (auf der anderen Rheinseite Braubach und die Marksburg; siehe Tour 9) - Boppard (Besichtigung der Stadt siehe Tour 8).

Entlang der größten Rheinschleife, dem „Bopparder Hamm“, läßt sich ruhig und wun-

Am Rhein entlang nach Boppard

derbar radeln. Die üppigen Weinberge, die geringer werdende Besiedlung, der manchmal bis zum Ufer herunterreichende Wald, die steilen, felsigen Hänge und die Burgen oder Burgruinen auf den Höhen lassen erstmals die vielgepriesene Romantik des Rheintals spürbar werden. Auch der Radweg wird nun „ursprünglicher“: Zwischen Boppard und Bad Salzig wechselt er phasenweise in den befestigten Zustand über oder schrumpft auf Fahrradbreite zusammen.

Bad Salzig

Bad Salzig, heute ein Stadtteil von Boppard, ist aufgrund seiner radioaktiven Glaubersalzquellen, die gegen Gicht und Rheumatismus, Zucker-, Herz- und Gefäßkrankheiten angewendet werden, ein beliebter Kurort. Gegenüber auf der anderen Rheinseite thronen oberhalb von Kamp-Bornhofen auf hohem Felsgrat dicht nebeneinander die beiden Burgen Sterrenberg (links) und Liebenstein. Die für den Betrachter recht merkwürdig anmutende Tatsache, daß die beiden mittelalterlichen Befestigungen eine riesige, grabenumgebene Mauer trennt, ließ Heinrich Heine, immer für hervorragende Dichtung gut, die Sage von den beiden Brüdern stricken, die die Burgen bewohnten und ständig miteinander im Streit lagen. Seitdem sind Sterrenberg und Liebenstein, das vermutlich die Vorburg von Sterrenberg war, unter dem Begriff „Die feindlichen Brüder" berühmt. Beide Anlagen sind zu besichtigen.

Die feindlichen Brüder von Kamp-Bornhofen

Etappe: Hirzenach - St. Goar.

Oberhalb von Wellmich auf der anderen Rheinseite liegt die im 14. Jahrhundert erbaute ehemalige kurtrierische Burg Thurnberg oder Deurenburg. Diese ist allerdings fast nur unter der höhnischen Bezeichnung bekannt, mit der sie die benachbarten, mächtigeren Grafen von Katzenelnbogen, denen die Burg Neu-Katzenelnbogen, genannt „Burg Katz", oberhalb von St.Goarshausen gehörte, versehen haben: „Burg Maus"! Beide Burgen befinden sich heute in Privatbesitz. Die Burg Katz kaufte 1989 ein japanischer Geschäftsmann und sie ist nicht zu besichtigen. Glückliches Asien!

Eine japanische Burg

Hoch über St. Goar erstreckt sich die Ruine der mächtigen Festung Rheinfels. Die Stadt war im Mittelalter der Hauptort der Grafschaft Katzenelnbogen und galt als wehrhaftester Platz am Mittelrhein. Die im 16. Jahrhundert auf die heutige Größe ausgebaute Festung Rheinfels hat ihren Ursprung in einer Zollburg, die Graf Dieter V. von Katzenelnbogen Mitte des 13. Jahrhunderts erbauen ließ. Wer die immer noch imposante Anlage besichtigen und die hervorragende Aussicht genießen möchte, fährt auf der *Heerstraße* in den Ort hinein (Hinweisschild: „Burg Rheinfels"), biegt zu Be-

In St. Goar

ginn der Fußgängerzone nach rechts in die Straße *Schloßberg* ab und radelt locker - nein, halt, keine Gemeinheiten, bitte! Ich war so blöd, mit dem Rad hoch zur Festung zu wollen, doch die Straße ist ungefähr so steil wie die Eiger-Nordwand. Deshalb jetzt mein Rat an alle, die meine bitteren Erfahrungen nicht teilen wollen: Rad abstellen und zu Fuß gehen! Es ist empfehlenswert, an der Kasse einen Plan mit Rundgängen durch die weitläufige Festung zu erwerben. Wer hinunter in die dunklen Gewölbe möchte, kann dort auch eine Lampe oder Kerze ausleihen. Die Festung und das integrierte Museum sind von April bis zum ersten Sonntag im November täglich von 9-18 Uhr, in den Wintermonaten bei guter Witterung samstags und sonntags von 11-17 Uhr

Hinauf zur Festung Rheinfels

geöffnet. Eintrittspreise: Erwachsene zahlen fünf, Kinder drei DM. Für die leiblichen Genüsse sorgt das angrenzende Hotel-Restaurant.

Tourismus in R(h)einkultur

Nun geht es die *Schloßstraße* wieder hinunter und nach rechts in die Fußgängerzone, die *Heerstraße*. Sie bringt mich durch den einerseits recht ansehnlichen und reizvoll gelegenen, andererseits touristisch überfrachteten Ort zur Fähre nach St. Goarshausen.

Romantisches Rheinpanorama auf dem Weg zur Loreley

Etappe: In St. Goarshausen nach rechts auf die *Rheinstraße* - geradeaus weiter auf der *Rheinuferstraße*.

Aha, die Loreley

Ich stelle mein Rad auf dem Parkplatz unterhalb der Loreley ab und schaue mir den 132 Meter aufragenden Schieferfelsen an. Ja, lieber Heinrich Heine, ich kann da nur zustimmen: Ich weiß auch nicht, was das mit der Loreley bedeuten soll. Ein steiler Felsen an einer sehr engen Stelle des Rheintals - na und? Gegenüber vom Parkplatz beginnt der Fußweg hinauf zur Loreley; die Treppenstufen zähle ich besser nicht, nach einer Viertelstunde bin ich jedoch oben. Hier gabelt sich der Weg: nach links geht es zur durch Pop- und Rockkonzerte bekannten Freilichtbühne, nach rechts zur Felsenkuppe. Schon will ich die letzte Treppe nehmen, da stocke ich:

„Wanderer, entweihe nicht
Diese heilige Stätte!
Deutsche Helden zu ehren
Haben wir sie erwählt."

Hoppla, denke ich und starre die auf einem Felsbrocken angebrachten, wagnerianisch anmutenden Verse an. Ein paar Meter weiter schmückt ein Kranz eine Gedenktafel für die Opfer der Weltkriege. Die Loreley ist mehr als ein Felsen, sie ist ein sagenumwobener deutscher Mythos. „Der Nibelungen Hort lit in dem Lurenberge", sang der Dichter Marner im 13. Jahrhundert. Schon in der Bronzezeit befand sich hier oben eine Burg. Clemens Brentano schuf im Jahre 1800 die Geschichte von der„Lore Lay", der blonden, schönen, jungfräulichen Sirene. Diese dichterische Vorlage inspirierte Heine 1823 zu seinem weltbekannten Gedicht. Das Abbild des urgermanischen Weibes ließ Brentano in seiner Dichtung, als es sich verliebte, sich in den Strom stürzen. Am Aussichtspunkt auf dem Loreley-Felsen, kurz hinter dem Hotel, weht die deutsche Flagge. Von hier aus läßt sich sehr gut der schluchtartige Charakter des Rheintals erkennen, der Fluß hat sich regelrecht in die Ebene hineingefräst.

Ein deutscher Mythos

Doch jetzt will ich auch noch die schöne Loreley persönlich kennenlernen, und ich weiß sogar, wo ich sie finde! Die Treppe wieder hinunter, aufs Rad und los: Ich radele vom Parkplatz aus die Mole des Winterhafens entlang - und da sitzt die nackte, pralle femme fatale: Haare bis zum Po, Beine bis hinauf zu den Schultern, ein Riesenbusen, frecher, verführerischer und gleichzeitig sittsamer Blick - ein bronzegewordener Männertraum. „Männer umschwirrn mich wie Motten das Licht, doch wenn sie verbrennen, dafür kann ich nicht" - ich lächele ihr zu, sie ist intelligent.

Begegnung mit der femme fatale

Etappe: Am Rhein zurück nach St. Goarshausen und zum Bahnhof (Hinweisschild „Bahnhof") in der *Bahnhofstraße.*

WEINBAU, ROMANTIK UND HISTORIE

Das Moseltal von Koblenz bis Traben-Trarbach

Strecke: Koblenz - Winningen - Kobern-Gondorf - Alken - Moselkern - Burg Eltz - Cochem - Beilstein - Klosterruine Stuben - Bullay - Zell - Enkirch - Traben-Trarbach.

Länge: 110 Kilometer (verteilt auf zwei Tage).

Streckenbeschaffenheit: Im Moseltal eben, fast durchweg asphaltierte Radwege; Steigungen von leicht bis schwer zu verschiedenen Sehenswürdigkeiten.

Karte: Deutsche Radtourenkarte 18 (Westerwald/Taunus) und Deutsche Radtourenkarte 17 (Eifel/Mosel /Ahrtal), Haupka-Verlag, Bad Soden/Taunus.

Nahverkehr: DB Koblenz Hbf in Richtung Trier über Winningen, Kobern-Gondorf, Moselkern und Cochem bis Bullay; Moselwein-Bahn von Bullay nach Traben-Trarbach.

Mehr als hundert Kilometer sind es bis zum Zielpunkt der Tour an der Mittelmosel; nehmen Sie sich für diese Tour Zeit - zwei, drei, vier oder noch mehr Tage. Es gibt viel zu sehen und zu erzählen und noch mehr zu genießen. Entspannung und Vergnügen für alle Sinne sind vorprogrammiert.

Etappe: Koblenz Hbf bis Winningen (Beschreibung siehe Tour 3) - von der *Schulstraße* in Winningen geradeaus in die *Zehnthofstraße* - nach rechts *Auf der Anwend* - am Straßenende links und geradeaus weiter - der Weg endet auf dem *Uhlenweg* - nun nach links auf den Radweg zwischen Bahntrasse und Weinbergen Richtung Kobern - Unterquerung der Moseltalbrücke (mit 136 Metern Deutschlands höchste Brücke) - am Ortsbeginn von Kobern in der *Marktstraße* geradeaus weiter.

Nach Kobern-Gondorf

Auf dem von Fachwerkhäusern geprägten historischen Marktplatz von Kobern erwartet mich der „Tatzelwurmbrunnen". Der Tatzelwurm-Drache, der dort auf dem Brunnen sitzt, sieht gefährlich echt aus, entbehrt jedoch jeglicher organischer Vorfahren. Das Drachenmotiv findet sich immer wieder in der Geschichte des Ortes: sei es als Symbol für die windungsreiche Mosel, sei es in Form von Kapitellschmuck in der St. Matthias-Kapelle zur Erinnerung an den Kreuzritter Heinrich II. von Kobern, der laut Sage im Orient einen Drachen getötet haben soll. Der Marktplatz wurde im frühen Mittelalter von den Rittern von Kobern als Turnierplatz genutzt.

Heinrich der Drachentöter

Vom Marktplatz aus radele ich nach rechts in die *Kirchstraße*. Gleich zu Anfang der Strasse steht links der Abteihof St. Marien, das älteste vollständig erhaltene Fachwerkhaus Deutschlands: Es stammt aus dem Jahr 1321. Welche Funktion der Hof - er gehörte zur Abtei St. Marien in Trier - damals erfüllte, ist nicht ganz klar; heute jedenfalls beherbergt er die Touristeninformation.

Das älteste erhaltene Fachwerkhaus Deutschlands

Etappe: Links auf der *Burgstraße* an der Kirche St.Lubentius vorbei - am Ende der *Burgstraße* nach rechts in *Mühlengraben* - sofort nochmal rechts in das Mühlental (Hinweisschild: „Matthiaskapelle").

Die weithin sichtbare Niederburg und die weiter oben liegende versteckte Oberburg mit der Matthiaskapelle wurden beide im 12. Jahrhundert von den Herren von Kobern gebaut. Vom Mühlental führt ein steiniger, holpriger Weg rechts hoch zur Ruine der Niederburg - mit dem Rad geht da nichts. Ich verzichte daher auf eine Besichtigung und strebe gerade-

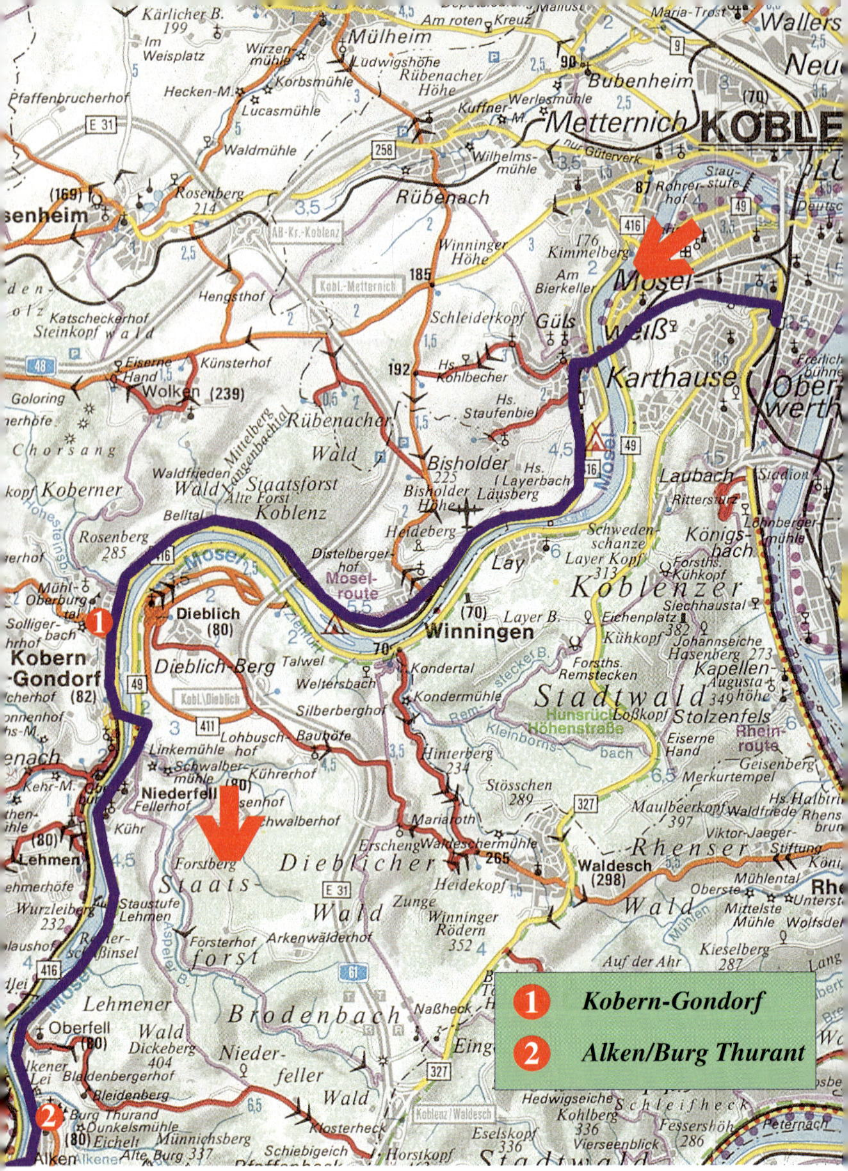

aus durch den Wald die Straße zur Oberburg hinauf.

Inmitten der Oberburg steht die sechseckige frühgotische St.-Matthias-Kapelle aus dem 13. Jahrhundert. Ihre im Vergleich zur Burg enormen Ausmaße lassen sich durch den Zweck erklären, für den sie erbaut wurde: In der Kapelle sollte das Haupt des Apostels Matthias aufbewahrt werden, das der sagenhafte Drachentöter Heinrich II. von Kobern von seinem Kreuzzug mitgebracht hatte. Tatsächlich verweilte der Apostel-Kopf hier rund 150 Jahre, bis er in der Abtei St. Matthias in Trier seine letzte Lagerstätte fand. Die Nachfahren Heinrichs II. konnten dann nicht mehr ganz an die großen Taten des Drachentöters anknüpfen; die Edlen von Kobern endeten recht kläglich: ihr letzter Vertreter wurde 1536 wegen Landfriedensbruch in Koblenz hingerichtet.

Der Kopf des Apostels Matthias

Im Bergfried der Oberburg befindet sich heute ein französisches Restaurant. Zwischen der Oberburg und der Niederburg erstreckt sich ein Stationsweg. Der Ausblick auf das Moseltal ist prächtig.

Prächtige Aussicht: Die Oberburg bei Kobern

Etappe: Oberburg - zurück durchs Mühlental - nach links in den *Mühlengraben* - vor der Eisenbahnbrücke rechts ab in die *Bahnhofstraße* - geradeaus in die *Römerstraße* (sie führt zum Wasserschloß der Fürsten von Leyen und Schloß Liebig im Stadtteil Gondorf; die im 13. Jahrhundert erbauten Schlösser sind nicht zu besichtigen) - am Bahnhof vorbei und dann rechts hinauf auf die Moselgoldbrücke Richtung Niederfell - auf der anderen Seite rechts herunter und links auf den Radweg an der Bundesstraße 49 - Niederfell - Staustufe Lehmen - Oberfell - Alken.

Alken nimmt mich durch seine äußerst ansehnliche Moselpromenade gleich ein. Ich radele die schönen alten Häuser entlang, biege dann nach links in die *Brandgasse* (Hinweisschild „Post“) ein und erreiche rechts über die *Oberstraße* das Fallerport, das Südtor der Stadtbefestigung aus dem 14. Jahrhundert. Alken, die vielen Turm- und Mauerreste sowie die alten Häuser und Gassen bezeugen es, blickt auf eine reiche mittelalterliche Vergangenheit zurück. Der Ort erhielt in dieser Zeit auch bereits die Stadtrechte.

Burg Thurant in Alken

Hinter dem Fallerport windet sich links die Straße *Vor-Thurant* durch die stattlichen Weinberge hinauf zur enormen doppeltürmigen Burg Thurant. Sie wurde 1192 erbaut und diente Kaiser Otto IV. (1198-1218) als Residenz. Der Anstieg ist nicht von Pappe, doch es lohnt sich: Die Besichtigung der Anlage, speziell des Museums und des Weinkellers, gestaltet sich interessant. Was für eine Aussicht!

Eine Burg als Schullandheim

Etappe: Die Straße *Vor-Thurant* wieder hinunter - an der *Oberstraße* nach links - kurz vor der Pfarrkirche rechts ab in die *Kirchstraße* - an der Mosel links weiter - links hinauf auf die Brücke Richtung Löf - in Löf von der Brükke rechts ab zur Mosel - rechts weiter auf der *Moselweinstraße* (auf der anderen Flußseite folgt Brodenbach, Ausgangsort für Ausflüge zur Ehrenburg, eine der schönsten Burgruinen des Moseltales) - Hatzenport - Burg Bischofstein (heute das Schullandheim des Fichte-Gymnasiums Krefeld und nicht zu besichtigen; die Burg wurde im 13. Jahrhundert errichtet, die jetzigen Gebäude stammen aus den 20er Jahren dieses Jahrhunderts) - kurz vor Moselkern auf einem Weg nach rechts unter der Eisenbahnunterführung durch und nach links Richtung Moselkern - auf der *Gartenstraße* in den Ort hinein.

Moselkern ist ein hübscher Weinort mit vielen schönen alten Häusern - doch so ganz nehme ich das nicht wahr. Ich habe hier nur ein

Burg Thurant hat einen tollen Weinkeller

Ziel: diese einsame, magische Burg im tiefen Eltzbachtal zu sehen, die berühmte Burg Eltz. Ich passiere den Bahnhof und fahre auf der *Oberstraße* geradeaus weiter durch den Ort (Hinweisschild „Burg Eltz"). Schließlich geht es nach rechts unter einer Eisenbahnbrücke durch in das Eltzbachtal. An der Ringelsteiner Mühle, einem Rasthaus mit großem Parkplatz, endet meine Fahrt: Ab hier ist klassisches Wandern angesagt. Rechts vom Rasthaus verläuft ein immer schmaler werdender Weg entlang des Eltzbaches in den tiefen Wald.

Durch das Eltzbachtal

Der steinige Fußweg führt mich höher und höher, das enge, gewundene Tal wird immer urtümlicher. Ich genieße die wilde, natürliche Romantik um mich herum, doch schließlich werfe ich etwas irritiert einen prüfenden Blick auf meine Uhr: 25 Minuten bin ich nun unterwegs, in fünf Minuten müßte ich eigentlich - so behauptet es mein Reiseführer - vor der Burg stehen. Doch nichts ist zu sehen, und dabei hat die Burg eine stattliche Größe vorzuweisen! Links von mir beengt mich ein steiler, felsiger Hang, tief unter mir rauscht der Eltzbach, und ringsherum umgibt mich dichter Wald. Habe ich eine Abzweigung verpaßt?

Ich laufe weiter, der Weg beschreibt eine

Öffnungszeiten Burg Eltz: vom 1. April bis 1. November werktags von 9-17.30 Uhr sowie an Sonn- und Feiertagen von 10-17.30 Uhr (mit Führung)

Kurve - und da ist sie plötzlich, nur wenige hundert Meter von mir entfernt! Ein grandioser, malerischer, märchenhafter Anblick: Die Burg drängt sich auf einem steilen, schmalen Felsen zusammen, der aus dem waldreichen Tal herausragt, ihre mächtigen, turmhohen Gebäude wirken wie neu. Wow! Ein wie von der übrigen Welt abgeschlossener Ort. Langsam gehe ich hinunter zum Eltzbach, überquere ihn und klettere dann die Treppe hinauf zum Tor (Beschreibung der Burg und der oberhalb auf einem Berg gelegenen Ruine Trutzeltz siehe Tour 10).

Etappe: Zurück durch das Eltzbachtal - unter der Eisenbahnbrücke durch und links auf die *Oberstraße* - dann sofort nach rechts in die *Kirchstraße* hinunter zur Mosel - rechts weiter auf der „Moselroute“ - Müden - Karden (auf der anderen Flußseite der Stadtteil Treis) - Pommern - Klotten (oberhalb des Ortes auf dem Berg die Ruine der Burg Koraidelstein) - auf der linken Flußseite folgt der Cochemer Stadteil Cond - auf der *Moselstraße* nach Cochem hinein - am Bahnhofsvorplatz nach rechts ab - sofort am Bahnhof nach links in die *Ravenéstraße* - am Busbahnhof nach links - den Endertplatz überqueren (Touristen-Information) - Moselbrücke unterqueren.

In Cochem

An der Auffahrt zur Brücke wurde Geschichte in Kunstform gegossen: eine reichverzierte Daten- und Symbolmauer informiert über die wichtigsten Stationen im Lebenslauf der Mittelmosel-Metropole und Tourismus-Hochburg Cochem. Ich radele geradeaus weiter via *Bernstraße* in die Altstadt, biege nach rechts in die *Liniusstraße* ab und gelange zum Enderttor, einem imposanten Rest der im 14. Jahrhundert angelegten Stadtbefestigung. Hinter dem Tor führt die *Endertstraße* weiter zur Talstation der Sesselbahn, die sich zum Pinnerkreuz (290 Meter) hinaufhangelt. Hier bestaunen die Erwachsenen die Aussicht, die Kids die Ereignisse im nahen Märchenwald bzw. die

Tiere im Wildgehege. Die Bahn ist zwischen Ostern und Ende Oktober täglich von 10-18 Uhr in Betrieb.

Durch die Altstadt zum Marktplatz

Ich rolle zurück zur *Bernstraße* - und ins Fußgängergedränge. Absteigen und nach rechts weiter! Der Torbogen, der wenig später den Weg überspannt, gehört zur Kirche St. Martin, erbaut im 15. und erneuert im 18. Jahrhundert. Rechts, nahe der Toiletten, führt eine Treppe zum ehemaligen Kapuzinerkloster; es entstand 1623 und wurde 1802 aufgehoben. Die *Bernstraße* endet auf dem Marktplatz der sehr ansehnlichen, von engen Gassen durchzogenen Altstadt Cochems. Schmuckstück des Platzes ist unzweifelhaft das schöne barocke Rathaus aus dem Jahr 1739. Das daumenstarke Loch in der schweren Eingangstür ist ein Zeugnis der Geschichte.

Die Politik und ihre Opfer

Am 22. Oktober 1923 besetzten von der französischen Besatzungsmacht geförderte Separatisten, die für die Abspaltung der Gebiete an Rhein und Mosel vom Deutschen Reich eintraten, das Cochemer Rathaus. Bei der Bevölkerung stieß diese Aktion auf wenig Gegenliebe - die Stimmung war gereizt, handfeste Auseinandersetzungen ließen nicht lange auf sich warten. Der Eisenbahner Jakob Wirtz übte ebenfalls Widerstand aus, allerdings passiven: Die Reichsregierung bezahlte ihn - wie alle anderen im öffentlichen Dienst - dafür, daß er keinen Finger für die französische Besatzungsmacht rührte. Am 24. Oktober 1923 betrat Wirtz wie gewohnt das Cochemer Rathaus, um sich dieses Unterstützungsgeld abzuholen. Dumm gelaufen: In der Eingangshalle lieferten sich Wachtposten der Separatisten mit Cochemer Bürgern ein Handgemenge - bis plötzlich ein Schuß krachte. Ein Wachtposten hatte sein Gewehr gehoben und abgedrückt. Die Kugel durchbohrte die Brust des eintretenden Jakob Wirtz, tötete ihn auf der Stelle und durchschlug dann auch noch die robuste Rathaustür. Die Separatisten gingen bald wieder, das Loch in der Tür blieb.

Ein architektonisches Schmuckstück ist das Cochemer Rathaus

TOUR 15/16
Mosel

Etappe: Marktplatz überqueren - geradeaus in die *Herrenstraße* - nach rechts die steile, zum Teil kopfsteingepflasterte *Schloßstraße* hinauf zur Reichsburg (Öffnungszeiten: täglich von 9-17 Uhr, von November bis 5. Januar stündlich Führungen von 11-15 Uhr; Eintrittspreise: 6 DM Erwachsene, 3 DM Kinder).

Die stattliche, inmitten von Weinbergen auf einem Bergkegel gelegene Burg Cochem ist das alles überragende Wahrzeichen der Stadt. Im 11. Jahrhundert entstand an dieser Stelle die alte Burg Cochem; König Konrad III. machte im Jahre 1151 die Befestigung zu einer Reichsburg, indem er sie zum Reichslehen erklärte. Im Jahre 1689 wurde die Reichsburg von französischen Truppen gesprengt und niedergebrannt. Erst fast zwei Jahrhunderte später erwachte die Ruine wieder aus ihrem Dornröschenschlaf: Louis Ravené, Geheimer Kommerzienrat aus Berlin, ließ die Burg im neugotischen Stil als Sommersitz der Familie Ravené wiederaufbauen. Das heutige Innere und Äußere der Burg hat mit der alten Reichsburg wenig gemein, es entspricht den verklärenden Vorstellungen, denen das 19. Jahrhundert über das vermeintlich romantische und glückliche Ritterleben nachhing.

Auf der Reichsburg

Etappe: Die *Schloßstraße* wieder hinunter - nach rechts in die *Herrenstraße* - geradeaus in den Weg Burgfrieden - durch das Martinstor aus dem 14. Jahrhundert - *Oberer Weg* - hinunter zur Mosel und nach rechts - Sehl (Ende des Radweges, auf der Straße weiter) - rechts ab zum Kloster Ebernach - hinter dem Kloster nach links (Hinweisschild: „Waldweg nach Ernst“) - nach ein paar hundert Metern links hinunter auf den befestigten, teils asphaltierten Weg entlang der Weinberge - oberhalb von Ernst durch die Weinberge - schließlich nach links und der Beschilderung „Moselbrücke“ folgen - der Weg trifft auf die Straße, die rechts hoch auf die Moselbrücke führt - auf der anderen Flußseite rechts hinunter nach Bruttig-Fankel - links in die *Hauptstraße* - unter der Brücke durch, an der Kirche rechts über die *Schunksche Straße* hinunter zur Mosel (am Ausgang der Straße rechts das „Schunksche Haus“, ein Renaissance-Wohnhaus aus dem Jahr 1659) - links an der Mosel weiter - Staustufe Fankel.

Über Ernst nach Bruttig-Fankel

Beilstein - ein Dorf unter Denkmalschutz

Eine Kurve noch, dann liegt es vor mir: mittelalterlich, malerisch, schön - Beilstein. Das reizende Weindörfchen mit den alten Fachwerkhäusern, verwitterten Mauern und Torbögen und engen Gassen steht unter Denkmalschutz. Der Marktplatz wurde aus dem Felsen herausgehauen, hier befinden sich das ehemalige Amtshaus Metternich (gebaut 1727; heute Hotel Lipmann), der sehenswerte Bürgersaal (gebaut 1732 als Chor der alten Pfarrkirche) sowie das Zoll- und Zehnthaus aus dem 16. Jahrhundert. An diesen Gebäuden läßt sich erkennen, welche überörtliche Bedeutung dem kleinen Beilstein zukam; das Dörfchen, durch die Burg ein Herrensitz, erhielt bereits 1319 das Stadtrecht!

Klostertreppe in Beilstein

Eine Treppe führt hinauf zur mächtigen dreischiffigen Kirche des Karmeliten-Klosters; sie stammt aus dem 18. Jahrhundert und beherbergt die „Wunderbare Schwarze Madonna von Beilstein". Auf dem Berg oberhalb des Ortes sind die Reste der im 12. Jahrhundert errichteten Burg Metternich versammelt. Die Anlage gelangte 1637 in den Besitz der Herren von Metternich, der Familie des späteren österreichischen Staatskanzlers Fürst von Metternich. Die Freude an dem neuen Eigentum währte jedoch nicht allzulange: Im Jahre 1689 wurde die Anlage von Franzosen gründlich zerstört. Der weithin sichtbare Bergfried ist inzwischen wieder restauriert und auch besteigbar. Die gute Aussicht auf die Moselschleife läßt sich jedoch auch im Restaurant der Burgruine genießen. Der Bergfried und das Restaurant sind von April bis Oktober geöffnet.

Gute Aussicht von Burg Metternich

Etappe: Zurück zur Mosel und nach links - in Briedern nach links in die *Hauptstraße* (Hinweisschild: „Senheim 4 km") - an ihrem Ende am Ortsausgang nach rechts durch die Weinberge - an der Straße nach rechts Richtung Senheim - Ortsanfang Mesenich nach links in den *Wiesenweg* (Hinweisschild: „Mesenich") - geradeaus weiter auf dem *Zehnthofweg* durch Mesenich - am Ortsende nach links auf die *Moselstraße* entlang des Flusses - bei Senheim über die Brücke und am rechten Moselufer (Bundesstraße 49) in Richtung Nehren weiter - hinter Nehren auf dem Uferweg nach Ediger-Eller - mit der Fähre (Anlegestelle zwischen Ediger und Eller; Betriebszeiten: In der Saison Mi, Sa und So am Nachmittag) auf die linke Moselseite - nach rechts weiter (befestigter Weg) - die Eisenbahnbrücke unterqueren - durch die Weinberge (asphaltierter Weg) - schließlich Hinweisschild „Ruine Kloster Stuben/Neef" nach rechts folgen - am Moselufer nach rechts zur Klosterruine Stuben.

Von Briedern nach Ediger-Eller

Ein sonderbarer Anblick. Die wuchtigen Mauern wirken, als hätte ein Riese sie inmit-

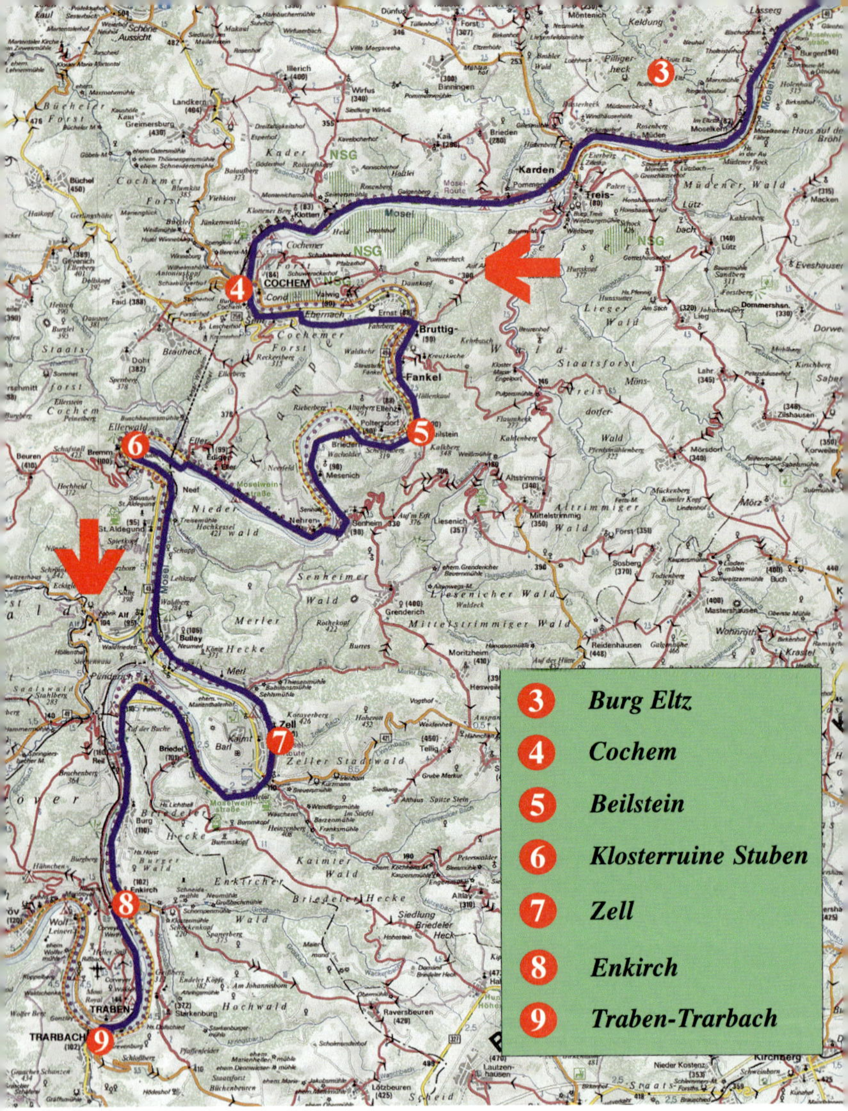

Ein Kloster geht unter

ten der Weinlage zufällig abgestellt. Weitere Reste des im 12. Jahrhundert gegründeten Augustinerinnen-Klosters, Steine oder auch nur größere Mengen Schutt, sind nicht vorhanden. Stand am Anfang dieses ruinösen Niedergangs die Sünde? Im Jahre 1789 wandelte der Kurfürst von Trier das Kloster „wegen Verfalls der Sitten" in ein weltliches Damenstift um - ja, was trieben denn die Nonnen? Untereinander, übereinander, durcheinander, obendrauf, oder wie? Schade, keine Details. Fünf Jahre später, 1794, kam das endgültige

Aus: die französischen Revolutionstruppen hoben das dekadente Stift auf. Rund zweihundert Jahre später sind nur noch die nackten Mauern verblieben. Ein sonderbarer Anblick.

Etappe: An der Mosel weiter Richtung Neef - Neef - auf der sehr gering befahrenen Moselstraße Richtung Bullay - geradeaus nach Bullay hinein - am Brunnenplatz rechts hinunter zur Mosel - nach links auf dem Radweg zwischen Mosel und den Weinbergen weiter - Merl - in Zell am Moselufer entlang bis zu einem Kinderspielplatz und großem Parkplatz, dort links ab - nach rechts auf die *Schloßstraße.*

In Zell

Dem mächtigen Trierer Kurfürsten Richard von Greiffenklau muß es in Zell gut gefallen haben. Er ließ Mitte des 16. Jahrhunderts als Residenz das ansehnliche Kurfürstliche Schloß bauen, auf das ich nun zuradele. Im Jahre 1803, im Zuge der Säkularisation, kam der Gebäudekomplex in bürgerlichen Besitz. Der Daseinszweck des Schlosses ist allerdings geblieben: Es nimmt Gäste auf - heute jedoch nur noch zahlende. Die *Schloßstraße* geht dann über in die *Balduinstraße*, die Fußgängerzone. Ich passiere das Rathaus, in dem sich auch die Touristeninformation und das Wein- und Heimatmuseum befinden und steuere dann das Denkmal an, das die Stadt ihrem bekanntesten Tier gesetzt hat: die „Schwarze Katz". Fauchend und mit großem, warnenden Buckel kauert die Mäusejägerin auf einem Weinfäßchen. Genau so sollen es weiland, laut Sage, einige reiche Aachener Kaufleute bei einer Weinprobe in Zell erlebt haben: Eine Katze sprang auf ein Faß und ging in Verteidigungstellung. Die Aachener folgerten daraufhin messerscharf, daß dieser Wein wohl besonders köstlich sein müsse. Seitdem ist die nach diesem Ereignis benannte Weinlage „Zeller Schwarze Katz" das Markenzeichen der über sechs Millionen Rebstöcke starken Weinbaugemeinde Zell - die größte an der Mosel. Der Wein schmeckt gut; jedenfalls hatte der Genuß bei mir noch nie

Die „Zeller Schwarze Katz"

einen Kater zur Folge...

Ich radele auf der *Balduinstraße* durch Zell und biege an ihrem Ende nach links auf die *Moselstraße* ab. An der Einmündung ist der Angelstein des Obertores der mittelalterlichen Altstadtbefestigung aufgebaut; der runde Turm in den Weinbergen oberhalb der Stadt war übrigens auch ein Teil dieser Befestigungsanlage: Es handelt sich um einen ehemaligen Pulverturm.

Pünderich: ein sehr schönes altes Weindorf

Etappe: Auf dem Ufer-Radweg Richtung Briedel - Briedel - nach Pünderich hinein auf der Straße *Zum Rittersturz* - nach rechts auf die *Hauptstraße* (an der Abzweigung eine Eichstelle für Weinfässer) - an der Kirche nach rechts in die *Kirchstraße* - nach rechts in die *Marienburger Straße* - an der Kreuzung links weiter zur *Rathausstraße* - das rote Fachwerk-Rathaus von 1548 links umrunden - nach rechts auf die *Rathausstraße* - geradeaus in die *Springiersbacher Straße* - nach rechts zurück an die Mosel - links auf den Radweg zwischen Mosel und Weinbergen - dem asphaltierten Weg (Hinweisschilder „Moselroute") durch die Weinberge folgen - kurz vor der Brücke nach Reil zurück auf die Bundesstraße 59 - Burg - hinter Burg rechts ab auf den Radweg nach Enkirch entlang der Mosel - den 50. Breitengrad zwischen Burg und Enkirch überqueren (Gedenkstein mit Kopfsteinpflasterlinie) - am Ortsanfang Enkirch links unter der Brücke durch - nach rechts auf der *Bahnhofstraße* in den Ort hinein (viele sehr schöne Fachwerkhäuser aus dem 16. und 17. Jahrhundert und historische Weinhöfe) - nach rechts hinunter zur Fähre nach Kövenig (Betriebszeiten: von April bis Oktober, täglich 8-12 und 14-18 Uhr, So erst ab 9 Uhr) - von Kövenig bis zur Staustufe Enkirch auf der Straße weiter - anschließend auf den Radweg entlang der Mosel Richtung Traben-Trarbach.

Enkirch: eine (er)bauliche Augenweide

Traben-Trarbach erstreckt sich am Scheitel der engen Moselschleife, die sich um den

Trabener Berg (272 Meter) herumzieht - einerseits eine malerische und andererseits auch strategisch bedeutsame Lage. Trarbach, am südlichen Moselufer gelegen und erst 1904 mit Traben vereinigt, erhielt 1254 die Stadtrechte und war im Mittelalter Hauptort der Hinteren Grafschaft Sponheim. Aus dieser Zeit stammt auch die Grevenburg, deren Ruine heute das Wahrzeichen des Ortes ist. Die gut ausgebaute Befestigung wechselte in den Kriegswirren zwischen 1620 und ihrer endgültigen Zerstörung im Jahr 1734 tatsächlich 13mal ihren Besitzer. Das nennt man begehrt sein! Unter anderem nisteten sich Spanier, Schweden, Franzosen, Holländer und sogar die Dänen hier ein. Übrig blieb am Ende wenig mehr als die weithin sichtbare Fassade des Kommandantenhauses. Die Aussicht überlebte das alles, sie ist weiterhin fabelhaft.

Bis zum letzten Stein: die Grevenburg über Trarbach

Noch ärger als der Grevenburg erging es der riesigen Festung Mont Royal, die der französische Sonnenkönig Ludwig XVI. gegenüber auf dem Trabener Berg zur Sicherung der linksrheinischen Eroberungen ab 1688 anlegen ließ. Bereits 1698 mußte die Festung wieder geschliffen werden; anschließend verschwand sie im wahrsten Sinne des Wortes in der Versenkung: Gras wuchs über die Anlage, und erst in den 20er Jahren unseres Jahrhunderts wurde sie durch Zufall wiederentdeckt. Inzwischen sind unterirdische Besichtigungen möglich.

Eine Festung verschwindet

Mit der Zerstörung der Befestigungen fand die militärisch-strategische Funktion Traben-Trarbachs zur Freude der strapazierten Einwohnerschaft ein Ende. Kriege, auch die Weltkriege, gingen nun am Ort ziemlich spurlos vorbei, sieht man mal von der im März 1945 gesprengten alten Moselbrücke ab. Doch was Kriege nicht mehr schafften, besorgten drei verheerende Brände in den Jahren 1761, 1857 und 1879: Das mittelalterliche Traben-Trarbach ging praktisch vollständig unter. Heute dominieren das dennoch recht ansprechende Stadtbild Historismus und Jugendstil. Empfeh-

Aus dem zivilen Leben Traben-Trarbachs

lenswert ist ein Besuch des Mittelmoselmuseums (Stadtteil Trarbach; geöffnet täglich außer montags von April bis Oktober) mit 16 Schauräumen zu den Themenbereichen Wohnkultur, Geschichte, Brauchtum und Handel. Traben-Trarbach ist Wein- und Kurstadt. Im Stadtteil Bad Wildstein, der sich an Trarbach anschließt, bearbeitet eine radioaktive Thermalquelle unter anderem Erkrankungen der Bewegungsorgane und Altersgeschwächte. Von Traben-Trarbach aus läßt sich mit dem Zug, Schiff oder wieder mit dem Rad nach Koblenz zurückkehren.

KLEINE GESCHICHTE DER STADT KOBLENZ

Wie so oft am Rhein waren es die Römer, die für die Geburt einer Stadt die Keimzelle legten. Im Falle Koblenz wird dieser Zeugungsakt auf die Jahre 10-8 v. Chr. festgelegt. Römischer Kaiser war zu dieser Zeit Augustus, der sozusagen als Übervater für die Gründung der Stadt Koblenz verantwortlich war. Aus militärischen Gründen, nämlich zum Schutz der römischen Heerstraße von Köln nach Mainz, wurde am Rhein-Mosel-Eck ein Erdkastell mit Wall und Graben angelegt. Nichts war naheliegender, als diese militärische Anlage „castellum ad confluentes" zu nennen, jener legendären und vielzitierten Bezeichnung, aus der später der heutige Name Koblenz abgeleitet wurde. Wertvolle Dienste leistete Koblenz im Verlauf der nächsten Jahrhunderte als römische Frontstadt.

Nach dem Rückzug der Südeuropäer zu Beginn des 5. Jahrhunderts übernahmen die Franken die Herrschaft über die ehemals römische Bastion und erklärten sie zu einer Königspfalz. Innerhalb der starken Mauern des Kastells errichteten sie ihren merowingischen Königshof.

„Unter dem Krummstab läßt sich gut leben" - dieser Spruch beherrschte die Mentalität der Koblenzer Bevölkerung für nahezu 800 Jahre. Denn nachdem Heinrich II. 1018 Stadt- und Zollrechte dem Erzbistum Trier geschenkt hatte, begann in Koblenz die Herrschaft der Erzbischöfe. Diese ließen es sich nicht nehmen, ihren Herrscherdrang und ihre Macht im Bau der Alten Burg zu dokumentieren, die zwischen 1275 und 1310 errichtet wurde. Einen Höhepunkt ihrer Laufbahn erreichte Koblenz unter der Herrschaft von Erzbischof und Kurfürst Balduin von Luxemburg, der von 1307-1354 regierte. Die Geschäfte florierten, und Koblenz war sozusagen ein mittelalterliches Handelszentrum am Rhein. In dieser Zeit (1206) ließ sich auch die Deutsch-Ordens-Kommende in Koblenz nieder, der das Deutsche Eck seinen Namen verdankt. Bis zum Einzug der französichen Truppen 1794 dauerte die kurfürstliche Regentschaft, der Koblenz zahlreiche Prunkbauten verdankt und natürlich auch eine Ausdehnung seines Stadtkerns.

Nach 800 Jahren kurfürstlichen Kontinuums überschlugen sich in geschichtlicher Hinsicht in rascher Folge die Ereignisse für die Stadt an Rhein und Mosel. Denn am 6. Dezember 1815 übernahmen die Preußen hier das Ruder. Das Rheinland bis zur Saar war Preußen zugesprochen worden und Koblenz wurde unter dessen Regiment Garnisons- und Festungsstadt, deren eindrucksvollstes und zugleich bedrückenstes Zeugnis die Festung Ehrenbreitstein darstellt. Die Umbauten zu ihrer heutigen Gestalt wurden 1817-1828 durchgeführt. Die Anhäufung von Soldaten, Regimentern und Kasernen ist der Stadt bis heute treu geblieben.

Ein bitteres Kapitel schrieb der 2.Weltkrieg, der der Stadt tiefe Wunden schlug. Von ca. 25.000 Wohnungen waren gegen Ende des Krieges fast 10.000 zerstört, und der Wiederaufbau bedeutete, wie überall in Deutschland, eine enorme Kraftanstrengung. Daß dies gelungen ist, das dokumentiert die Stadt Koblenz heute mit ihren wunderschön restaurierten historischen Bauten ebenso wie mit ihren modernen Handels- und Einkaufszentren.

Stichwortregister

S

T

U

V

W

Z